非物质文化遗产丛书

Intangible Cultural Heritage Series

秉心圣会

杨金凤 编著

北京出版集团公司
北京美术摄影出版社

图书在版编目（CIP）数据

秉心圣会 / 杨金凤编著. — 北京 ：北京美术摄影出版社，2014.1
（非物质文化遗产丛书）
ISBN 978-7-80501-593-4

I. ①秉… II. ①杨… III. ①庙会—风俗习惯—介绍—北京市 IV. ① K892.1

中国版本图书馆 CIP 数据核字（2013）第 307534 号

非物质文化遗产丛书

秉心圣会

BINGXIN SHENGHUI

杨金凤 编著

出　版　北京出版集团公司
　　　　北京美术摄影出版社
地　址　北京北三环中路6号
邮　编　100120
网　址　www.bph.com.cn
总发行　北京出版集团公司
发　行　京版北美（北京）文化艺术传媒有限公司
经　销　新华书店
印　刷　北京国彩印刷有限公司
版　次　2014年1月第1版第1次印刷
开　本　190毫米×245毫米　1/16
印　张　16
字　数　230千字
书　号　ISBN 978-7-80501-593-4
定　价　68.00元
质量监督电话　010-58572393

编委会

组织编写

北京市文学艺术界联合会

北京民间文艺家协会

序

PREFACE

赵　书

2005年，国务院向各省、自治区、直辖市人民政府，国务院各部委、各直属机构发出了《关于加强文化遗产保护的通知》，第一次提出“文化遗产包括物质文化遗产和非物质文化遗产”的概念，明确指出：“非物质文化遗产是指各种以非物质形态存在的与群众生活密切相关、世代相承的传统文化表现形式，包括口头传统、传统表演艺术、民俗活动和礼仪与节庆、有关自然界和宇宙的民间传统知识和实践、传统手工艺技能等，以及与上述传统文化表现形式相关的文化空间。”在北京市“保护为主、抢救第一、合理利用、传承发展”方针的指导下，在市委、市政府的领导下，非物质文化遗产保护工作得到健康、有序的发展，名录体系逐步完善，传承人保护逐步加强，宣传展示不断强化，保护手段丰富多样，取得了显著成绩。

2011年，第十一届全国人民代表大会常务委员会第十九次会议通过《中华人民共和国非物质文化遗产法》。第三条中规定“国家对非物质文化遗产采取认定、记录、建档等措施予以保存，对体现中华民族优秀传统文化，具有历史、文学、艺术、科学价值的非物质文化遗产采取传承、传播等措施予以保护”。第八条中规定“县级以上人民政府应当加强对非物质文化遗产保护工作的宣传，提高全社会保护非物质文化遗产的意识”。为了达到上述要求，在市委宣传部、组织部的大力支持下，北京市于2010年开始组织编辑出版“非物质文化遗产丛书”。丛书的作者为非物质文化遗产项目传承人以及各文化单位、科研机构、大专院校对本专业有深厚造诣的著名专家、学者。这套丛书的出版赢得了良好的社会反响，其编写具有三个特点：

第一，内容真实可靠。非物质文化遗产代表作的第一要素就是项目内容的原真性。非物质文化遗产具有历史价值、文化价值、精神价值、科学价值、审美价值、和谐价值、教育价值、经济价值等多方面的价值。之所以有这么高、这么多方面的价值，都源于项目内容的真实。这些项目蕴含着我们中华民族传统文化的最深根源，保留着形成民族文化身份的原生状态以及思维方式、心理结构与审美观念等。非遗项目是从事非物质文化遗产保护事业的基层工作者，通过走乡串户实地考察获得第一手材料，并对这些田野调查来的资料进行登记造册，为全市非物质文化遗产分布情况建立档案。在此基础上，各区、县非物质文化遗产保护部门进行代表作资格的初步审定，首先由申报单位填写申报表并提供音像和相关实物佐证资料，然后经专家团科学认定，鉴别真伪，充分论证，以无记名投票方式确定向各级政府推荐的名单。各级政府召开由各相关部门组成的联席会议对推荐名单进行审批，然后进行网上公示，无不同意见后方能列入县、区、市以至国家级保护名录的非物质文化遗产代表作。丛书中各本专著所记述的内容真实可靠，较完整地反映了这些项目的产生、发展、当前生存情况，因此有极高历史认识价值。

第二，论证有理有据。非物质文化遗产代表作要有一定的学术价值，主要有三大标准：一是历史认识价值。非物质文化遗产是一定历史时期人类社会活动的产物，列入市级保护名录的项目基本上要有百年传承历史，通过这些项目我们可以具体而生动地感受到历史真实情况，是历史文化的真实存在。二是文化艺术价值。非物质文化遗产中所表现出来的审美意识和艺术创造性，反映着国家和民族的文化艺术传统和历史，体现了北京市历代人民独特的创造力，是各族人民的智慧结晶和宝贵的精神财富。三是科学技术价值。任何非物质文化遗产都是人们在当时所掌握的技术条件下创造出来的，直接反映着文物创造者认识自然、利用自然的程度，反映着当时的科学技术与生产力的发展水平。丛书通过作者有一定学术高度的论述，使读者深刻感受到非物质文化遗产所体现出来的价值更多的是一种现存性，对体现本民族、群体的文化特征具有真实的、承续的意义。

第三，图文并茂，通俗易懂，知识性与艺术性并重。丛书的作者均是非物质文化遗产传承人或某一领域中的权威、知名专家及一线工作者，他们撰写的书第一是要让本专业的人有收获；第二是要让非本专业的人看得懂，因为非物质文化遗产保护工作是国民经济和社会发展的重要组成内容，是公众事业。文艺是民族精神的火烛，非物质文化遗产保护工作是文化大发展、大繁荣的基础工程，越是在大发展、大变动的时代，越要坚守我们共同的精神家园，维护我们的民族文化基因，不能忘了回家的路。为了提高广大群众对非物质文化遗产保护工作重要性的认识，这套丛书对各个非遗项目在文化上的独特性、技能上的高超性、发展中的传承性、传播中的流变性、功能上的实用性、形式上的综合性、心理上的民族性、审美上的地域性进行了学术方面的分析，也注重艺术描写。这套丛书既保证了在理论上的高度、学术分析上的深度，同时也充分考虑到广大读者的愉悦性。丛书对非遗项目代表人物的传奇人生，各位传承人在继承先辈遗产时所作出的努力进行了记述，增加了丛书的艺术欣赏价值。非物质文化遗产保护人民性很强，专业性也很强，要达到在发展中保护，在保护中发展的目的，还要取决于全社会文化觉悟的提高，取决于广大人民群众对非物质文化遗产保护重要性的认识。

编写“非物质文化遗产丛书”的目的，就是为了让广大人民了解中华民族的非物质文化遗产，热爱中华民族的非物质文化遗产，增强全社会的文化遗产保护、传承意识，激发我们的文化创新精神。同时，对于把中华文明推向世界，向全世界展示中华优秀文化和促进中外文化交流均具有积极的推动作用。希望本套图书能得到广大读者的喜爱。

2012 年 2 月 27 日

序

PREFACE

包世轩

2002年，在北京市委市政府推动下，石景山区作为全市的试点，实行了整建制一次性农转居，成为北京市又一个不存在农业户籍人口的市辖区。各行政村以农工商公司经济结构形式运转，管理旧有的积累以及经济实体。

2009年10月，石景山区老古城村拆迁正式启动，如今老古城现代嘉园正在建设中。小区共有12栋高层板楼，安置本村2160户居民，户型从50平方米到135平方米不等，80%以上南北通透，完成了从农村向新型现代化社区的转型。

古城村村落庞大，历史悠久，旧时村民以个体工商、运输业为主，是个商贸集镇式的村落，历史上就与传统农村的经济形式有所不同。近代以来，尤其是新中国成立以来，由于首钢、特钢的建设需要，村中耕地逐年减少，居民占半数，农民占半数。

古城村旧时有多座庙宇，建于明代，有三义庙、马王庙、娘娘庙、树神庙、龙王庙等，其中尤以三义庙规模最大，旧时供刘备、关羽、张飞塑像，殿门联称：“三人三姓三结义；一君一臣一圣人。”村民岁时致祭，香火很旺。

明清时期，这种赞礼神佛的庙会活动，以各种香会形式出现，正如《宛署杂记·民风》“乐施”条记载：“所居村民随多寡立会，岁敛钱供其近村寺。”所言“立会”，即设立各种以宗教信仰为职能，定期向寺庙施舍银钱的香会，其中以奉献歌舞技艺为特征的会口，称作“香会”，是秉持“人心向善”宗教信仰及传统理念的一种民间文艺组织。

攒香秉心会，攒香即香会收集众多民众奉献的檀香携带到妙峰山，并在娘娘殿前攒成堆焚化，以了结不能朝山者的心愿，谓之“攒香”。香会奉行走会的地点在古城村三义庙。

据说古城村秉心圣会起源于明万历元年（1573年），万历四年（1576年）外出走会。最初走会未必是到妙峰山，因妙峰山是到清代乾隆时期才有了名气。

村民秉承“忠孝节义”理念，诚起“古城村三义庙攒香秉心会”，每年赴妙峰山朝顶进香，农历四月十一踩街、十二扬香、十三朝顶、十四回香，回途再赴石景山娘娘殿报效。

古城村秉心圣会包括十项内容，俗称“花十档”，亦叫“花什档”，即灵官旗、栊筐、钱粮筐、公议石锁、太平歌会、龙旗牌棍、中军、四执、娘娘驾、督旗。

香会设有旗幡，如灵官旗、纛旗；有香会必备的栊筐（香会称为“屏”，携带香会用品，称“颠屏振铃走会”）、钱粮筐、龙旗、执事牌、黑红棍、娘娘驾等。督旗一般绘有真武大帝像或北斗七星。

香会中的四只钱粮筐是一大特色，以荆条编制而成，盛放祭祀娘娘的品物。除古城村外，旧京仅有海淀成府村献供香斗膏药圣会有此。“最前钱粮筐八抬，该筐用荆条编成，高四尺、粗二尺五寸，圆径。筐四周用黄布蒙严，上绘蓝色行龙两条。筐盖凸形，蒙黄布上绣蓝色坐龙一条。筐四周有铁桶儿插会旗四面，旗顶塔形，拴十字形铜铃两串，四旗角拴在一处。筐中腰有孔，穿上小碗粗细竹竿，长约一丈二尺，以二人抬之。（抬者）服黄布马褂，黄布手帕蒙头，八抬共十六人。”（金勋《妙峰山志》）据考，香会钱粮筐源自门头沟煤业窑场使用的制子筐，这是金钱财富的象征。石景山古城村秉心圣会、海淀成府村献供香斗膏药圣会历史上都有此钱粮筐。

村中的石锁会是数量较少的香会。石锁由文场伴奏，有长钹、三钹、五钹、七钹、九钹、小三参、大三参、紧长锤、慢长锤、斗锅子（鼓和小镲配合击奏）等打法。演练石锁时，由几名练家互相投掷，称“开场锁”，把场子打开。石锁以手从裆下向上甩叫“倒把”（掏裆）。单练的表演者将石锁抛掷空中，用身体各部位接住，有三仙托塔、腰串、张飞骗马、大顶（脑垫）、盘肘、酒盅、拳塔儿、过桥、金鸡上架、怀中抱月、苏秦背剑，还有最奇险的，将抛起的石锁用下巴颏儿接住，共计有30多套耍法。大人、小孩表演石锁各有绝活，只见石锁翻飞、鼓乐铿锵，极有英武气概。石锁既可以单练，也可以对练，还可以三四个人配合演练，其中三仙托塔、金鸡上架非高手不能为之。

古城村太平歌，为12个角色的高跷秧歌，有近百首唱词得以保留，是极为难得的。

中军为音乐会口，即“中军把”音乐，以唢呐、铙钹等乐器组成。“中军”称谓只有走东岳庙、妙峰山庙会的香会才能使用。如门头沟千军台、庄户村幡会有吉祥会音乐，能演奏30多首曲牌。与“中军把”音乐相同，因不到妙峰山走会，故仅能以“吉祥会”称之。其实 “中军把”“吉祥会”两者演奏音乐曲牌相同，皆为庙会祭祀神灵而设。

妙峰山庙会，演奏敬神音乐的香会有三类：笙管鼓吹乐班即“清音十番”音乐；以铙钹、铛子演奏的称“吵子把”音乐，“吵子把”有四副大铙、四副大钹、四把铛子，打奏敬神曲牌20首；“中军把”，由唢呐、铙钹、板鼓、铛子、小镲演奏，“三山五顶”庙会“中军把”音乐，所奏乐曲高亢激越，有布阵作战气势。妙峰山古碑记载的“中军把”香会音乐，在京西幡会称“吉祥会”，京东八县称为“文吵子”，这三者的音乐实质是相同的，仅是称谓不同而已。古城村旧有“中军把”音乐，意义重大，值得恢复并发扬光大。

旧京这三种庙会祭祀音乐堪称“华夏正声”，是中国民间音乐的主流，值得发扬光大！

“四执”指一种香会特有的铜锣，因有四面故称“四执”。其音色独特，为旧时香会、茶棚必备，又称“打号”“钹号”“大号”“神耳”“佛耳”“天耳”。古城村的四执钹号，是北京地区所遗历史最久者。

凡此种种，说明古城村的秉心圣会历史文化内涵极为丰富，值得深入研究与总结。

非物质文化遗产多产生于乡村，是以往文化的遗留，在现代化、城镇化的今天已成为民族文化的珍品。我们希望秉心圣会这种古老的文化艺术能够延续恢复，成为民族文化的品牌并发扬光大。在新型社区里，这种古老的民间文化艺术形式尤显珍贵，值得珍视并传承下去，以丰富人们的文化生活。全新的现代化社区对北京传统文化的持守与继承，值得褒扬与赞赏！

本书作者杨金凤同志是石景山区文化馆副研究馆员，担任石景山区作协副主席、中国广播电视剧编剧协会会员、北京戏剧家协会会员、石景山区第九届政协委员会特约文史委员。多年来她在文化工作尤其是非物质文化遗产保护方面作出了突出贡献，这本著作就是她诸多成果之一，值得一读，因为书中凝聚着她对传统文化的真知灼见。

特作此序，祝愿石景山古城村秉心圣会重新焕发历史的辉煌！

包世轩，中国民间文艺家协会理事，北京民间文艺家协会副主席，北京文物、民俗、宗教史专家。

前言

FOREWORD

古都北京，人文荟萃。建城以来，各种文化交融于此，缤纷多姿的民间艺术纷纷进入北京，对京城文化产生着巨大的影响。石景山区古城村是京城的西大门，深受皇城文化的影响；位居永定河东岸，深受永定河流域文化的影响；村民拉骆驼远赴口外度夏，深受游牧文化的影响；加之处于京西要道，又深受南来北往各种文化的影响，使得古城村在农耕文化的基础上，融多种文化于一体。

古城村秉心圣会活动属古老的民间文艺活动，和中国传统的节庆、时令、习俗密切相关，如春节踩街、十五灯节，以及各种庙会和行香走会活动，使得古城村的民间文艺活动在中国特有的传统文化背景下不断繁衍发展，源流至今。

以神娱人，是中国传统民俗中的重要内容，也是古城村民的重要精神文化活动。《旧唐书·音乐志》中记载："上元佳节，百戏之雅驯者，莫如南十番，其余装演大头和尚。"宋代《东京梦华录》和《古今小说》、明代《西湖游览志》和《帝京景物略》等书中都有跳大头和尚的记载。古城村 80 多岁打太平鼓的老人王桂芳、于淑清、张淑芹等，如今在打鼓的时候口里还要念叨"大头和尚打老脆"。问及意思，她们说是老辈人就这么传下来的，实际是“大头和尚戏柳翠”，也有的人说成“大头和尚打柳翠”。

汉代韩婴说：“劳者歌其事”，古城村人是以劳者娱其事的方式满足着农耕文明下简单的生活节奏。他们劳作用的抬筐，被改造后用于娱乐；石锁，既练力气和技巧，又能在外出时防身护体。过去，古城村人的各种武艺曾经为他们化解危险或困难起到过不少作用；而太平歌的内容，则是将“善”“义”“情”“道”“景”等相融合，凝练出富于哲理的精神食粮。村民们在简单的劳作中分享这种欢乐，既能敬神，又能健体，还能表现自我能力，增强自信，驱赶孤独，并可获得他人的夸耀。

古城村人到庙会上香，不是以普通香客的身份出现，而是以“花十档”的表演方式出现，包括在村内走会，都体现了以神娱人的精

◎《京西古城村风情图》何大奇绘 ◎

神需求。可以说，这是古城村人特有的一种历史精神生活的记录，信仰及娱乐给人们带来的巨大鼓舞和力量，对整个村落的精神凝聚、和睦相处、村落发展等都起着重要的激励与聚合作用。

石景山区 2002 年一次性农转居，村民变成了城市居民，但他们在现代化大都市的北京，依旧保留着村内的许多为人处世的老礼儿，保持着很多朴素、真诚、大义的良好品质，实属难能可贵。包括古城村人的口音：他们说“渔盆儿”，实际是“渔婆”；说“石片儿地”，实际是“石边地”等，其血脉里薪火相传的文化元素依旧浓厚地深植于他们的内心。

古城村的玩意儿，虽然多是家族式传承，但也不乏师徒传承。古城村人不保守，即使外村人请他们去教，也都随叫随去。只可惜老玩意儿面临濒危了，比如太平歌，又叫“高跷秧歌”，歌舞分离

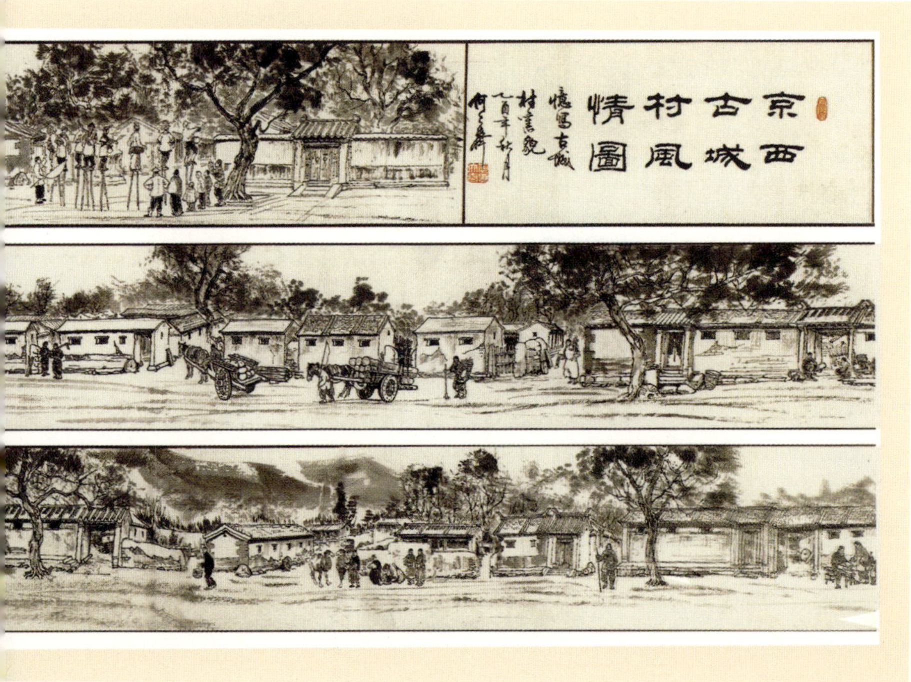

了，现在高跷上只舞不歌了，12个角色做些技艺还行，边演边唱的很少了，60岁的闫广胜还能唱一些。而其他唱歌者只是在地上唱，如李德水、李文芝、马振瀛、常守智等，他们已经蹬不了跷了。1994年出版的《中国民间歌曲集成》（北京卷）中记载，古城村的太平歌有其自身特点，大部分曲调是其所特有的，如《壮士拉马出城西》等，是太平歌会的专用唱腔。

期望他们活态相传，薪火不息。

目录

CONTENTS

序 赵　书

序 包世轩

前言

第一章

古城村村记 1

第一节 村落起源 2

第二节 管辖沿革 9

第二章

秉心圣会会记 11

第一节 秉心圣会名称来源 12

第二节 20 世纪 80 年代民间花会普查 17

第三节 20 世纪 90 年代民间花会收集整理 20

第四节 21 世纪初秉心圣会申报非遗项目 23

第五节 2013 年秉心圣会资料整理出版 37

第三章

秉心圣会会档

秉心圣会会档 39

第一节 秉心会 40
第二节 石锁会 43
第三节 太平歌会 47
第四节 钱粮筐会 58
第五节 龙舞会 60
第六节 驴舞 62
第七节 太平鼓会 63
第八节 灯艺 64
第九节 武术和摔跤 65
第十节 杂技 67
第十一节 狮舞会 68
第十二节 腰鼓 78

第四章

秉心圣会玩角儿访谈录

秉心圣会玩角儿访谈录 79

第一节 马振才 80
第二节 张国栋 91
第三节 梁会来 100
第四节 代表性传承人 107
第五节 太平歌玩角儿 122
第六节 石锁玩角儿 152
第七节 钱粮筐玩角儿 159

第八节　太平鼓玩角儿　164
第九节　狮舞玩角儿　173
第十节　其他人员　189

第五章
秉心圣会相关记录　201

第一节　梁云龙记录　202
第二节　田忠记录　205
第三节　其他人记录　210

第六章
秉心圣会太平歌古韵欣赏　217

第一节　太平歌词　220
第二节　太平歌曲　223
第三节　太平歌角色演唱目录　229

后记　231

第一章 古城村村记

第一节　村落起源

第二节　管辖沿革

第一节

村落起源

在京西石景山区中部，曾经有一个古老的村落，叫古城村，后来改为老古城村。

一、古城人的记录

古城村村民梁云龙对古城村起源曾记录：“古城在什么时间前面又加上一个‘老’字变成‘老古城’的呢？那是在新中国成立以后，建立了新古城居民点，管户口的机关为了区分两个古城，所以在原古城村的前面又加了一个‘老’字。”

◎ 左起：闫殿怀、郝殿贵、田忠、郝殿福手持四面大筛 ◎

梁云龙的文字形成于 1965 年到 1982 年之间。记录如下：

古城村位于首都西郊复兴门外 30 华里，翠微山南麓 10 华里，永定河畔以东 5 华里。新中国成立前特别是在 1919 年未修引水渠以前，有两条水由古城村经过；一条是由石景山南经西河滩子，经由北后道贴梁家墙外往东过八角村流往老山北；另一条水是由庞村流入村西南河道，由村前街通过，出村东头，在村头三角地处与北路水汇合一并流入八角坑，最后归老山北古河道，流入护城河。

早在明代以前，永定河西岸未予治理，每年洪水泛滥期间就要溢出一部分，再大了就会形成水灾。南辛安的没落可能与洪水有关，找不出其他原因，因为火灾是局部的，地震又是大面积的，为什么单单就消失了一个村庄呢?

南辛安确有此村，它的遗址就在南至天顺庄大水坝梁家大疙瘩地与大田猴地，北至化肥厂内，当年化肥厂兴建时挖出了炉灶的遗址。据马振铎口述，他亲眼见到北辛安东庙大铁钟上铸有南辛安的记载，而且还铸有刘瑾的名字。

西河滩子，古城村人在那里挖沙子的时候有许多人看见在三四米深处挖到了胶泥，可见这是一条古河道。

村正南的一条走道叫“正南道”。它只能通到老坟，再往南就不通了。村正东有一条道沟，是夏天流水的沟，冬天也可以走车和骆驼，一直通往八角村。正式大道只有一条，就是往东南通往衙门口方向的车道。这条道可以通往北京，也可以通往丰台和卢沟桥。村往西，通往北辛安的有两条石子土道，一条是由汽车修理二厂西墙外往西北的路，另一条是由村北往西拐路过西河滩子，再往北拐的路，这一条路的中段应由塑料八厂中心穿过，而北段路正是化肥厂东侧通往北辛安东头的路。

古城村邻近四至：

正东：八角村，二华里；

东北：杨庄村，二里半；

西北：北辛安，三华里；

正北：北辛安耕种农田（金沟河以南归古城）；

正西：天顺庄，俗称“西庄子”，属北辛安陈洪尧的财产，二华里；

正南：白庙村，以前称“庆余庄”，乃杨润田的财产；

东南：水屯，三华里；

再东南：衙门口，八华里，中间还路过常家坟（不是古城常家）。

◎ 石锁会在古城村内踩街献档表演 ◎

二、村落起源的考证

对古城村年代的起源，石景山区民俗专家门学文作了如下归纳：

什么时期有的古城村呢？最有力的记载是明代万历年间成书的《宛署杂记》。其卷五记载那时北京的西部道路时，有“古城村”这个地名，这记载距今有400多年。但古城村的“古城”起源于什么历史时期的城，史学家们所述不一，京西的文史工作者称其为“古城之谜”。

如今村里老一辈的村民多认为：古城村起源于明末清初。古城村最古老的花会组织秉心圣会，故老相传是“明万历元年（1573年）有的会，万历四年（1576年）走的会。”还传说，是李自成的一员大将在西山望见此处有座古代城池，等赶到一看又没有，就命名此处为古城。从传说看，明末清初古城村似乎没有城，而且起源似乎又太晚了些，与万历年间有古城村和秉心圣会的历史记载相悖，经不起推敲。

（一）战国时期的蓟城说

据梁云龙推测：我国至少有十几个叫古城的地名，都与那里历史上曾有过城有关，偏偏京西古城村是个例外。北京古史专家常征先生推测这里可能是战国时期燕国的都城蓟城遗址，认为“它叫古城必有所本”。

村西的几块老坟地里，确实也出土过战国古钱、夹砂陶罐，并发现六角形古井，为上述论点提供了一定依据。

（二）唐代与五代时期的废县说

1. 广平废县说

《方舆纪要》说：“唐时幽州管内当有广平县，亦分蓟县置。”对广平县的提法，《门头沟百科全书》在“广平县”条目讲：“唐玄宗天宝元年（742年）析蓟县西境置广平、武宁二县，东部为广平县，天宝四年（745年）二县俱省。肃宗至德元年（756年）恢复广平县。德宗建中二年（781年）析蓟县西部与广平县东部置幽都县，区境东部仍属广平县，范围缩小，县治所由原古城（今石景山区古城村）迁至今门头沟区永定镇辛秤村。”按此说法，唐玄宗先是把蓟县地区一分为二，设立成广平和武宁两个县，广平县城地点在今古城村，四年后又取消了二县。到唐肃宗时恢复了广平县，县城地点还是在今古城村。25年后又有改变，唐德宗把县城由今古城村迁到了辛秤地区。也就是说，古城村所在地在唐代做过29年的广平县城，至少门头沟区的文史学家是如此认为的。今永定河西岸有“新城”地名，与古城村的“古城”相呼应，也可作间接的证明。

2. 玉河废县说

《光绪顺天府志》中“地理志九·村镇一”载：“三十五里古城村，亦呼城子村，或曰《方舆纪要》所谓玉河废县，在府西四十里者，当即近此。”《方舆纪要》讲：“玉河废县在府西四十里，本蓟县地，五代时刘仁恭置。”“辽志：仁恭于大安山创宫观，师方士王若讷，分蓟县置此县以供给之。辽亦为玉河县，今废。”《国门近游录》：“过长店冈而西，有县村，疑即古玉河县故址。”

玉河县历经五代、辽、北宋至金代初年，大体管辖范围在今永定河以西以北的门头沟地区。为什么永定河东岸的古城村地区跑到玉河县去了呢？这与永定河的故道有关。隋唐至五代时期的永定河河道与现在不同，它是从石景山南下后被鹰山和卧龙岗阻隔后，兜回东北，经水屯走现今的古城大街北去。那时的古城村地域恰在当时的永定河西岸，属玉河县的管辖范围，又离幽州城最近，做玉河县的城址是可能的。

《光绪顺天府志》《方舆纪要》等古籍记载说明，古代的学者认为古城村的古城以前曾是五代时的玉河县城所在地。

（三）古城村的古城与宋辽时期的安祖寨有关

1995 年 11 月在古城村村西出土了两块晚唐时期的墓志。墓志记载，墓主人“殡于幽州幽都县西界卅里房仙乡新安里岗原”，或“墓于幽都之西卅里新安原”。说明晚唐时古城村一带应该叫“新安里”，古城村之古城与新安里有关。

新安之“安”应源于安祖寨。安祖寨历史可能很早，至少唐代以前就有，唐代墓志称所葬地为新安，是北辛安得名之源。《宋史》记载，宋太宗讨伐辽，有大臣宋琪献计，建议兵出易水抵桑干河，出安祖寨，离东边的燕城才30里地。今衙门口地区古称“东安祖（佐）”，那么西安祖（佐）在哪里？它不能在衙门口的东边，而应在西，在今古城村西一带。因为唐代墓志的“新安”可能是“西安”之误。西、新音近，“安”则专指安祖寨而言，今古城村的“古城”二字应指昔日的西安祖寨。另，有西安就会有东安，东安应在今衙门口地区。有了南辛安，才有北辛安。既有新安，必有旧安。可见安祖寨的历史很长，它的地理位置是在不断变化的。这是怎么回事呢？原来，石景山地区是古老的永定河的出山口，河道在不断变化，必然影响到地面居民点的变迁。

京西古城村的“古城”得名应该至少在元代初年，而不会是明代的末年。根据之一是“叫古城必有所本”，那个“古城”至少应该指昔日的西安祖寨。按北京城发展从西到东的规律，西安祖寨的形成应早于东安祖寨，唐代就已经废毁过。查《北京史志》可知，安祖寨历唐、辽、金、元，多次废毁，原居民早已四散。明代移民来古城村现址后，把村西的古寨遗址叫“古城”顺理成章。辽、金、元时期治理永定河，西安祖寨应该有军队驻扎。其北有金沟河古道，永定河主河道也会在卧龙岗受阻后，掉头向此处冲来。那时的军营，必须有简易的营寨才可保证安全，住在西安祖寨遗址是最好的选择之一。原古城村西有一道叫土龙岗的高坡子，可能就是金元时期营寨利用旧时西安祖寨的遗迹。

根据之二是原古城村村西的大影壁疑点颇多，它可能比村东古松的历史更悠久。大影壁原在古城村前街西口，是古城村标志之一。石砌，素面，高4米多，长约30米，面东有佛龛，可蹲进3个孩子。旧时，村民为亡故亲属“接三”，在影壁前焚表烧纸。按说，大影壁应在村南或村东，可到了古城村它却到了村西，极为罕见。但如果把大影壁看成原西安祖寨的原物，就好理解了。它的身后是土龙岗，也就是西安祖寨的东寨墙，说明西安祖寨是坐西朝东，符合辽金时期人们崇拜东方的心理。

根据之三是明代的移民以永乐年间规模最大，那时此处的安祖寨营寨遗址正好可以安置，而遗址恰像一座老城或土城，这也是古城村所以得名古城的由来。《北京历史纪年》载：永乐年间大规模移民八次。今古城村的祖先应该在那一时期到村，为北京城的建设服务。现古城村的地理位置，既可方便进北京城，又可以就地治理永定河，是北京安置移民的首选之地，不会迟至明末才有移民成村。

根据以上论述可知，古城村确有所谓的城址，它是五代时玉河县城址或西安祖寨所在地。但古城村得名之“古城”不在村的现址，而特指村西玉河县城墙或西安祖寨的寨墙遗址。至于古城村西的西安祖寨地下出土过的战国遗物，还说明了什么？是否就是先秦时期的蓟城遗址呢？课题显然又大得多了。

总之，对古城村的“古城”的认定，倾向于宋辽时期的安祖寨遗址，或唐代广平县县城所在地的废城。明代初年，此地有了“废城”遗址，又与“新城”相对，才会有“古城”的提法。也就是说，今古城村地区的历史上一定有城池建筑存在过，可惜由于时间的久远或永定河的泛滥，今天看不到了。

以上，为门学文对古城村起源的考据。

关于古城村是春秋战国时期的北京城——“蓟城”的说法，1990年12月编印的《石景山文史资料》中，陈广斌对《古城与蓟城的探索》一文也做了细致分析。

对古城村的基本描述，“石景山古城村秉心圣会”论证报告中是这样写的：

石景山区位于北京市区西部，北枕西山，西倚永定河，东与市区接壤，西北高而东南低，是古代北京永定河冲积扇的轴心，历史上是京畿西北军事、交通要道和河防重地。永定河水利工程、戾陵堰、车箱渠建于此地。石景山区处于塞外和城市的连接地带，塞外及山里的货物，特别是煤炭、石灰、木材等要通过石景山区这一咽喉之路运往市内，由此形成石景山区的人多以运煤、拉骆驼为生。同时此地也是驼铃古道上的交易中心，北辛安古镇、模式口村曾是旧时京西热闹的商业集散地，南来北往的商人途经于此，也将南来北往的文化带到此地。京西古城村人为此受到皇城文化和塞外文化的多种影响，逐渐形成了本村的民俗文化形式。

石景山区古城村形成于明代初年，位于北京长安大道最西端的石景山下永定河东岸，面积 0.8 平方公里，新中国成立之初有 364 户，现有 2160 户。旧时村中有三义庙、马神庙、树神庙、娘娘庙、龙王庙、朝阳庵等庙宇，以村东三义庙规模最大，历史最为悠久，内供刘备、关羽、张飞和碧霞元君诸神。三义庙坐东朝西，庙西为古城村的主要街道——前街。村西旧有茶棚一处，四合院建筑。明《宛署杂记》在“街道”一节的介绍中对古城村已有明确的记载。

◎《宛署杂记》◎

第二节

管辖沿革

明清两代古城村都属于顺天府宛平县辖地，民国时期属直隶省宛平县第一区管辖，村里设村正。七七事变至新中国成立前，古城村属宛平县北辛安镇管辖，村里设村长或保长，有居民近300户，耕地45顷，大牲畜3000多头，还有不少大车（新中国成立之初有胶轮大车120多辆），村民的生计主要依靠种地和运输，是京西比较富裕的大村。

石景山区于1948年12月17日解放，村民曾为此作出贡献。其后古城村的地理环境没有发生大的变化，但经济却在不断发展。

1948年12月属北平市第二十七区；

1949年7月后属北平市第十九区；

1950年8月后属北京市第十五区；

1952年8月起属石景山区；

1953年6月起属石景山区13个乡之一；

1955年5月起属石景山区11个乡之一；

1958年5月起属丰台区石景山人民公社的乡之一；

1963年6月属石景山办事处所辖的生产大队之一；

1967年8月起属石景山区的行政村之一；

1982年8月起属石景山区乡管辖的行政村；

1984年3月起属石景山区农委12个农工商联合公司之一；

2002年石景山区成为北京市区之一，古城村村民改为城市居民。

几百年来，京西古城村地域面积变化不大，耕地逐步减少，人口却由少到多。从成村的几户、几十户发展到民国时期的300多户，到2004年年底达到2160户，成为京西经济发展实力较强、速度发展较快的村落。

如今，古城村通过拆迁，在原地建起了高楼，部分村民搬上了楼，住进了新社区。

◎ 建设中的老古城现代嘉园（官庆培摄）◎

第二章 秉心圣会会记

第一节　秉心圣会名称来源
第二节　20世纪80年代民间花会普查
第三节　20世纪90年代民间花会收集整理
第四节　21世纪初秉心圣会申报非遗项目
第五节　2013年秉心圣会资料整理出版

第一节

秉心圣会名称来源

采访中，对古城村秉心圣会的名称，玩角儿们（演员）存有不同观点。有人认为，古城村的会过去有“秉心、石锁、太平歌”，秉心圣会不能将石锁、太平歌涵盖其中；也有的人认为就叫“古城村花会”；另有一部分人认为是为了非遗项目的申报，在原来秉心会的基础上加个“圣”字。此外还有其他几种观点，比如“秉心会是第一档，有引领全会的作用”等。其实，古城村的会是从最初的简单形式上的香会发展为目前形式上的花会或圣会的。旧时，老北京把花会称为“香会”。

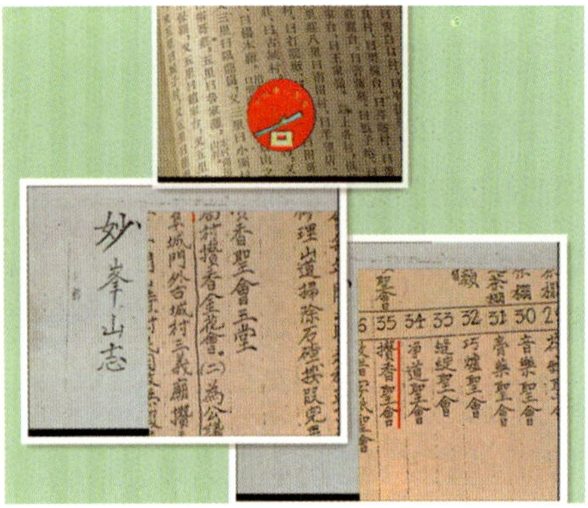

◎《妙峰山志》的相关记载◎

北京的香会，是民间祭神修善的自发性组织，又称为“善会”“圣会”。顾颉刚在《妙峰山的香会》中写道：“一个香会必须经过100年，方可改‘圣会’为‘老会’。老会是香会中的领袖……”也就是说，不到100年的会为圣会，但古城村的香会显然已经过了100年，但如今依旧称为“圣会”。追溯古城村的走会和信仰，《帝京岁时纪胜》载：“京师香会之胜，惟碧霞元君为最。”古城村秉心圣会每年到妙峰山朝顶进香和从妙峰山回来二山朝顶到石景山进香，都是拜的碧霞元君。而妙峰山香火起于明代，兴盛于清代。古城村香会有过百年的历史依据。

明清时期，慈善寺香会也非常兴盛，慈善寺位于京西天太山（天台山、天泰山）上，又名“天台寺”，建于明末万历年间。《燕京岁时记》载：“每岁三月十八日开庙，香会甚繁。”“至今，寺内尚存碑刻十五通。”但这些碑中没有古城村香会的碑。古城村的会舍近求远，不惮劳苦地去妙峰山朝拜，而不是慈善寺。有人解释为民间有“妙峰山娘娘照远不照近”之说，但古城村的二山朝顶，选择的是与古城村近在咫尺的石景山，而不是慈善寺，这与古城村村民信奉的是碧霞元君娘娘有关。在慈善寺的“攒香放堂圣会”的碑上刻有“……众等秉心前往京西天太山慈善寺燃灯古佛老爷驾前献供香、元宝、纸障表词，放堂祈求平安。”另有刘小萌在《清代北京旗人与香会》一文中提到“报恩秉心放堂老会”碑文：“朝礼福地天太山燃灯尊佛座前进香久矣……”许多会碑上提到的都是慈善寺的“燃灯古佛”（三世佛中的过去佛）。古城村人信仰的是碧霞元君，所以走会不去慈善寺拜燃灯佛，而是去妙峰山拜碧霞元君。

古城村的会与妙峰山庙的历史渊源相连，妙峰山香会有“文会”和“武会”两种，文会主要是举行祭祀庆典，为香客做各种善事，如修道、清路、供茶、舍馒头、舍鲜花、舍拐杖等；免费为香客修鞋；为夜行的香客挂灯等。武会主要活动为娱神，如踩高跷、扭秧歌、耍五虎棍等。古城村的武会项目有太平歌、石锁、钱粮筐等。

从古城村会的管理方式看，是传统的香会。北京香会的首领被称为“会首”或“会头”。采访中，古城村老玩角儿把首领称为“会头”，各分会称为“把儿头”或“都管”，古城村玩角儿多数人称“都管”（带头人），只有少数几个老玩角儿称“把儿头”。从古城村贴拜知（出会前的通知）的方法看，也沿用着香会的报单的方法：香会每临进香之期，由会首率领诸执事人，肩担四面大锣往在会上的各家贴报单，上面写着进香走会的具体日期。古城村与香会的方法相同，走会前写拜知，注明哪天走，到哪儿。不过现在古城村写的拜知比从前简单了。

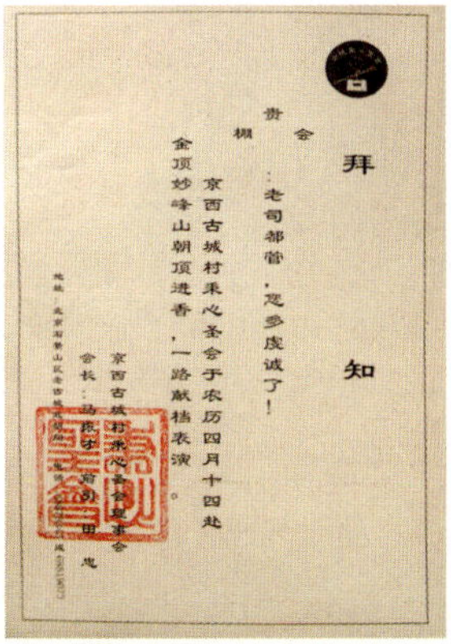
拜知

贵会

棚

老司都管，恕多虔诚了！

京西古城村秉心圣会于农历四月十四赴

金顶妙峰山朝顶进香，一路献档表演。

京西古城村秉心圣会理事会

◎ 拜知 ◎

古城村行香走会的时候有“栊子”，称为“栊筐”，上面插着旗幌，飘带上写着会名，前引司事手拿三角小旗子，他们称为“拨子”，引导会档前行，并有一套会礼、会规。只是目前古城村人中没人能准确地说出本会完整的会礼、会规了，只有些零碎的片段，曾经担任过前引的田忠还有些记录。

古城村在最初香会的基础上，逐渐增加了表演内容，20世纪90年代，文化馆干部张守信在《对石景山地区“花会”走向的思考》一文中写道：“石景山地区处城区至妙峰山必经之地，受各地花会的广泛影响，形成了‘花十档’，这是雍正年间之后逐渐形成的。在此前并不是这十档会，而只是一些旗锣牌架之类，其性质也是一种朝拜偶像的仪仗队，没有形成现在意义上的歌舞活动。因为拜神，常常伴随娱神，因此后来参加进来的石锁和高跷最初也是娱神性质，形成了花会发展的基础。”

目前的很多花会与过去的香会有了很多不同，传统的香会祭祀方式已被剥离，仅剩下各档花会的表演。可见香会与花会在某种精神内涵上还是有所区别的，香会逐渐往单纯的民间花会方向发展。当初被专家们认为不足百年的古城村香会，只是圣会，这很大原因也和“文革”期间的一系列运动相关，没有人再去把“圣会”追增成“老会”。古城村香会在老玩角儿的认识里一直是“圣会”，加上古城村人几百年来一直一秉虔心地信奉碧霞元君娘娘，最直接的依据是《妙峰山琐记》记载的香会队伍中有“阜成门外古城村三义庙攒香秉心会”。《妙峰山志》在“攒香圣会五堂”一节，更明确提到“阜城（成）门外古城村三义庙攒香秉心会”，其中就不包括石锁和太平鼓。“攒香”二字明确了此会的重要内容，即“攒香”，而石锁和太平鼓这些花会表演方式随着发展融入“攒香秉心会”之中。1988年古城村在妙峰山立碑时，落款“秉心圣会”也算是有依据的。

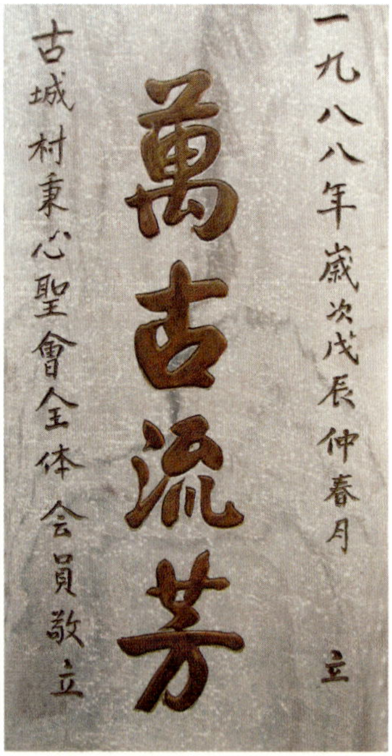

◎ 秉心圣会在妙峰山立碑 ◎

经过诸多线索的交汇后，最终我在古城村民国十八年（1929 年）的太平歌老唱本手抄本上《灵官殿佛歌》一词中找到了“秉心圣会”四个字。有此为据，古城村把会称为“秉心圣会”一词，起码在 84 年前就已经存在，而不是为了申报非物质文化遗产项目临时起的会名。

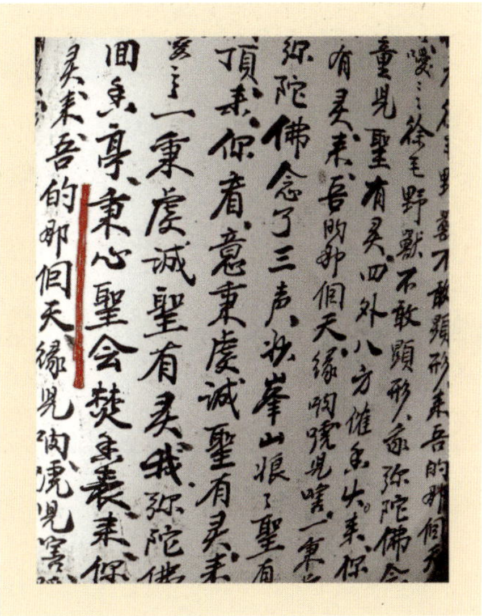

◎ 太平歌老唱本记载的秉心圣会 ◎

古城村的会中带有仪式规制，包含了浓郁的民俗风情，其经年累积的精神内质蕴于其中，久而久之，其精神内质的东西，远远大于实际形式表演的外象。梁云龙曾经写过一篇文字，叫《古城人的风采》，文中他说：

外村人都说古城人“齐心”，可古城人自己也没感觉出自己有什么特殊的地方。这可能是年长日久习以为常罢了，或者说还有点儿谦虚什么的。

到底古城人有哪些特点呢？粗略地总结了一下，提出来，抛砖引玉，望大家指正、补充。

一是说古城人齐心。指的是，谁家有红白喜事，大家都出席、帮忙，甚至于站脚助威。那么到底是什么东西把这种习惯贯穿起来的呢？恐怕首先归结为“行香走会”行动吧。

这是指的古城大型文艺活动“花十档”。每年农历四月十五妙峰山进香，和七月十五“鬼节”的两次大型活动，全村 100 多户参加。新中国成立前全村农户只有 330 户，也就是说约有 1/3 的农户参加活动。在这两次大规模活动中，上到都管、下到玩角儿必须达到思想与感情上的一致，才有可能达到统一行动，决不允许有打架斗殴和无关的口角发生。因此外乡人看来，这就是古城人的“齐心”。

二是说古城人好客。古城的几大户都是来自山西洪洞县移民，与外界打交道时，一提起山西大槐树就当成老乡，或者一提起“行香走会”，就认为是同行，倍感亲切。

在村里，谁家有了红白喜事，出份子（出席）的都在 150 户以上，

◎ 妙峰山号佛 ◎

相当于全村户数的一半。必需时出动全部“乐队”（各会文场），祝贺或吊唁。人人见面有一种说不出的特殊感情。

三是“一日不见，如隔三秋”的态势。说古城人好玩儿，这倒不假。平时参加练石锁、踩高跷的青壮年，不下三五十人。另外，还有摔跤、练武的二三十人。这些一心为走会练功、奔忙的人，实乃精神可嘉也。他们说：“要想人前显能，必须人后受罪。”

四是说古城人好管闲事。说媒拉纤、典当、买卖、分家、合居、婚丧嫁娶、劝架、调解，都属于人间日常交往中遇到的琐事。但参加这种活动的人，必须资历老、声望高、辈分高、能说会道，对人生哲理有相当理解水平，要不遇到事怎么能说服人呢？

第二节

20 世纪 80 年代民间花会普查

有着 400 多年历史的古城村花会，在石景山区传统民间文化中占有重要地位，政府对其进行了多次普查和抢救保护。

1982 年，石景山区文化馆根据市里工作部署，开展了民间花会的普查工作。据文化馆干部张新生回忆，当时文化馆将普查人员分成几个组，参与人员有她和杨建章、郭瑞民、杜再顺、俎玉兰、曾庆云、张守信等人，有时市里也来人一块儿普查，比如参加普查太平鼓的人有阮兰玉、董敏芝等人。阮兰玉、董敏芝画动作，杨建章记谱。张新生说："当时古城村的舞龙特别原生态，特别棒，特别震撼。"区文化馆现存的 1982 年 9 月 15 日的一份"民间花会普查报告"如下：

第一，基本情况：

（1）石景山区现有一个公社共 13 个大队、7 个街道，目前已普查了 10 个大队、7 个街道，还有模式口大队、刘娘府大队及北辛安大队没有进行普查。另外由于时间关系，首钢、特钢、北锅、北重等大厂也还没来得及进行普查。

（2）按目前普查的情况看，现在有花会活动的是古城大队和五里坨大队。北辛安街道和金顶街街道，这两年有时过年节，也找几个人跑跑小车、扭扭秧歌。因不是正式会档，而是居委会临时组织的，因此没有填入表内。另外，首钢虽然没来得及去普查，但 1982 年春节首钢的龙和狮子曾在区里表演过。

（3）历史上有花会活动的共有 11 个大队，其中包括还没有进行普查的刘娘府大队、模式口大队及目前已找不到玩会人的麻峪大队。街道方面，因我区的特殊情况是大部分为农民、居民混住，一般会首或主持人均是农民，所以就统归到大队里了。一般街道居委会也不掌握情况。初步统计有花会 20 档（包括没有找到人及失传了的）。

据了解，目前已失传的花会在石景山区共有两档，一档是古城大队的“杠行会”，失传的年份较久了。走会的方法是：用一根很粗的竹杠，抬一个扮成县官的人。此人要求头脑灵活，颇有文才，办事公道；前面有四个开路的衙役，沿路的老百姓可以向“县官”告状，凡是“县官”断了案的就真的算数，“县官”还有权责罚犯罪的人，如打板子等，而且据说在行会的那天，真的县官见了此“县官”也要回避而行。失传的原因主要是“县官”这一人物不易接班。另一档是八角大队的焰火，也有说叫“盒子会”的，在新中国成立前就失传了。行会时先放焰火、放炮，然后许多人把一个大盆子架到空中，盒下面的底牵有线。等焰火放完时，把线一拉，底打开，从盒中落下许多纸扎的小人，均是一组组按古戏编排的，上面还都有个小灯，到人们看完，落下来时灯也就灭了。

第二，现有民间花会共有五类六档，即高跷、小车、狮子、石锁、霸王鞭五类，其中除高跷有两档，其余均为一档，共计六档。最有代表性是古城大队，它的会档历史较长，种类也较多。

第三，目前有代表性的老艺人还没有普查到。

第四，从目前已普查到的情况看，本区的花会，要数古城大队最有代表性，但因了解的情况还太少，还有待于进一步全面了解，而且有的大队还没有普查到，搜集整理工作还有待于完成。

第五，经过花会的普查工作，普遍反映的是得不到支持，经费困难。有些目前还有活动的村队群众反映，他们是很愿意搞活动的。另外，年代久了，许多东西需更新。古城大队原先就给了六亩公地，收获所得归会里。可是现在没有了，服装不能更换，有的活动只好不弄了。另外有的老人反映，希望在收集整理花会的基础上，给他们留下一点儿资料，如走会时的曲调、唱腔，以便向后代传授。

根据我区花会工作，发现我区古城中学的教师梁云龙（57 岁），自己多年来搜集整理了不少有关这方面的资料，如各会的发展情况、走会的方法，包括曲牌、唱词、场记等，估计其中会有不少可供参考的资料，如何收集其材料，似可以考虑。

1982 年到 1984 年，梁云龙对古城村狮子会（狮舞会）演出的记录也反映出了那一时期古城村花会的活动情况。

（1）1982年正月十四，狮舞闹元宵慰问居民演出，大队—古城二中—大院—八角中学（原地址）—衙门口—永乐区。

（2）1983年1月16日，去房山炼油厂辅导狮舞演出。

（3）1983年2月6日（春节前一周），慰问军区演出。全区演出项目：龙灯、狮舞、太平歌、石锁、驴舞、旱船、小车、腰鼓、太平鼓9档，共200多人。

（4）1983年春节村里演出。正月初一，古城大街、老古城全村，共演出15场。正月初二，衙门口—鲁谷—永乐区—水屯，共演出7场。

（5）1983年灯节晚会。正月十五，在古城东街（公园路）演出。

（6）1984年全村文艺活动。正月初一，古城大街；正月初二，本村。

（7）1984 年正月十五，灯节演出录像。

第三节

20世纪90年代民间花会收集整理

石景山区文化馆存档中有一份1993年3月28日填成的表格：北京市石景山区（县）入《题名录》人员登记表，是对文化馆20世纪80年代期间参与民间文化普查收集整理工作参与人员的记录。这份距1982年十年之久的记录，说明20世纪80年代的普查、搜集、整理工作一直延续到90年代。

当时的文化馆文艺一部部长张新生说："1983年全市启动民族民间文化遗产大普查，我和刘滨、杜再顺到市里参加培训，回区后进行全区的普查工作，一直延续到20世纪90年代，《中国民间歌曲集成》（北京卷）于1994年印刷完成。"全国民间歌曲集成的编辑说明写于1983年4月，在这本书中收录的《壮士拉马出城西》（马振瀛唱，杨建章采录、记谱）、《渔翁寿活七十七》（田友泉唱，陈树林记谱）、《白猿偷桃》（李文芝、马振瀛、常守元、田友泉、闫殿荣、田连荣、梁云龙等唱，杨建章、张新生采录，杨建章记谱）、《参亡灵》（田友泉、常守智、闫洲、郝德成、闫殿荣等唱，曾庆云、吕品生采录，杨建章记谱）、《粥茶歌》（闫洲、常守智唱，曾庆云、吕品生采录，杨建章记谱）等12首歌曲中，其中5首是古城村人演唱，4首为太平歌。如今，参加当时普查记谱的杨建章已故。

从1988年开始参与收集整理工作的文化馆干部宛莹说，她当时连续几个月在古城村老玩角儿家，听他们唱太平歌，老人们也是断断续续，边唱边回忆。由此可见，古城村的花会从1983后逐渐复苏，得到了相关文化部门的重视。

1994年普查，有一份"人物名录"，全区包括首钢、文化馆等各文艺部门有十几个人，其中古城村就有四个人。名录记载：

常守智，男，1930 年出生，农民，曾任秉心圣会石锁会会长。他从小爱好太平歌，在太平歌会中扮演许多角色，可以边唱边舞。

闫洲，男，1914 年出生，农民，秉心圣会成员。他从小爱好曲艺、戏曲，在太平歌会中扮演公子、渔翁、樵夫等，并能唱很多太平歌词。

田友泉，男，1926 年出生，农民。他从小学习太平歌，扮演渔翁、樵夫，演唱音色甜润。

◎ 石景山区文化馆李美新（左 1）、杨强（左 2）采录太平歌 ◎

闫殿荣，男，1913 年出生，农民，是现有老艺人中年纪最长者，在太平歌会中扮演小二哥、陀头、渔翁、樵夫等，所唱众多唱段至今不忘。

这四个人进入“人物名录”，缘于他们能唱出或口述出古城村太平歌词。

吕品生、曾庆云、宛莹根据古城村常守智、闫洲、田友泉、闫殿荣、郝德成演唱或口述整理出太平歌词。如今，闫洲、田友泉、闫殿荣、郝德成、吕品生已故。

曲 名	演唱、口述
《下江南》	闫洲口述
《命孤单》	田友泉唱
《陀头和尚笑哈哈》	闫殿荣唱
《壮士拉马出城西》	田友泉唱
《一书生》	田友泉唱
《游山》（公子唱）	闫洲口述
《打朝保本》（樵夫扮唐王，渔翁扮敬德）	闫洲口述
《恨唐王行事太糊涂》	闫洲口述
《卖膏药》（丑角）	常守智唱
《王祥卧鱼》（渔翁唱）	田友泉唱
《乐逍遥》	田友泉唱
《参亡灵》（亡人灵）	田友泉领唱，常守智、闫殿荣、闫洲、郝德成伴唱
《参关圣帝君》	常守智口述
《海蟾得道》	常守智口述
《大五佛》	常守智口述
《到山嵲》	田友泉唱
《樊梨花》（打鼓的唱）	田友泉口述
《参灵官殿》	田友泉口述
《春翠莲》	田友泉口述
《上山坡》	闫洲唱

第四节

21 世纪初秉心圣会申报非遗项目

2004 年，随着全国非物质文化遗产保护工作的全面铺开，古城村秉心圣会成为石景山区第一个区级项目并向市级推荐，2006 年此项目以“石景山古城村秉心圣会”（遗产编号 48）进入首批市级民俗类保护名录。

◎ 市级非物质文化遗产牌匾 ◎

在 2004 年至 2005 年普查申报期间，许多老玩角儿们提供追根溯源的历史资料。设在石景山区文化馆的非遗办工作人员，连续半年之久，在古城村搜集资料，撰写论证报告和申报片撰稿，区广电有线电视台给予了大力支持，拍摄申报片。

以下为秉心圣会 2005 年申报市级论证报告摘选。

一、秉心圣会产生的历史背景

明清以来，京西古城村民信奉碧霞元君娘娘，认为娘娘能够保佑四季平安，五谷丰登，所以每年到金顶妙峰山朝顶进香。出于朝顶进香的需要，为凝聚全村人的一秉虔心，逐渐形成了香会组织——秉心圣会，产生了别具一格的花会表演方式——“花十档”。每年农历四月十二从南道赴妙峰山朝顶进香，途经麻峪、三家店、琉璃渠、龙泉务，从陈家庄开始上山，经西北涧、桃园、南庄、樱桃沟、兴隆十八盘、水泉、呛风岭、涧沟村至妙峰山顶。其间在农历四月十二的晚上，住宿南庄。四月十三在妙峰山朝顶进香。回香时，四月十三晚上仍住宿南庄，四月十四途经琉璃渠村，在万缘同善茶棚打尖休息，太平歌会玩角儿们补妆，以便到石景山上进行二山朝顶活动。

现存四面大筛，相传已经有200多年的历史。现存太平歌老唱本一册，为民国十八年（1929年）村民田子斌等抄写，歌词95首，18000多字。抄本首页标有“京西古城村太平歌词，旧本年深糟烂，于□□□中华民国十八年己巳夏历五月节后重抄。”的字样。唱词的内容主要是讲忠孝节义、虔诚信仰、太平盛世等。

京西古城村秉心圣会始于明代万历年间。故老相传“万历元年（1573年）起的会，万历四年（1576年）走的会”。虽然现在没有直接的文字记载秉心圣会的起会年代，但从对村民田洪彦的采访中得知，保存下民国十八年（1929年）重抄太平歌老唱本的已故村民闫洲（去世时80多岁）听自己的老太爷说秉心圣会是万历元年（1573年）起的会，而他的老太爷也是听老人传下来的。此外，对另一村民田勇的采访也可以证明其年代的久远。田勇现是秉心圣会的石锁会玩角儿，其父亲田洪奎现是秉心圣会钱粮筐的玩角儿，还健在的爷爷田友泉曾扮过太平歌的陀头，已故的太爷田茂也扮过太平歌的陀头，老太爷田德山在秉心圣会能唱《一百单八鞭》。而田勇的爷爷田友泉小时候就听自己的前辈们说秉心圣会万历元年（1573年）起的会，万历四年（1576年）走的会，祖祖辈辈这样传下来的。民国年间，金

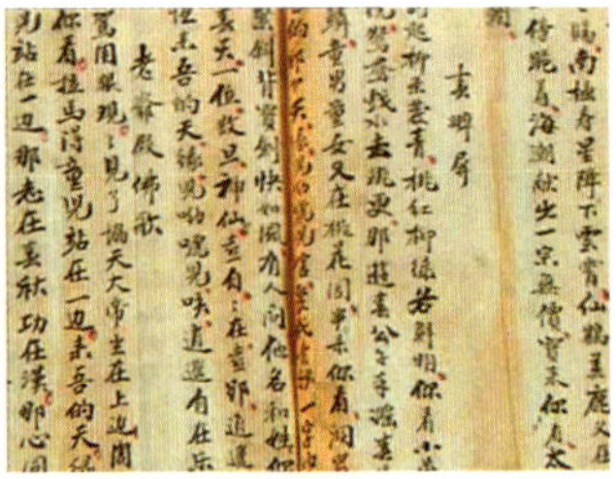

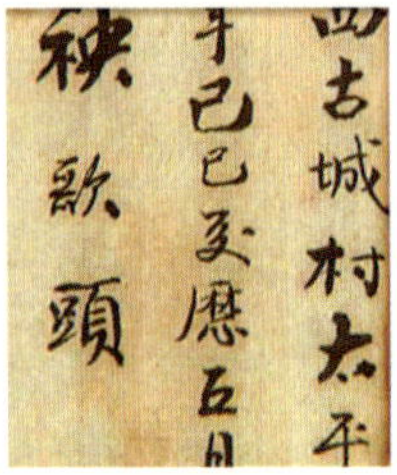

◎ 太平歌老唱本唱词 ◎

勋《妙峰山志》记载：明正德七年（1512年）妙峰山已经有香会朝顶活动，至康熙年间著称于京师。奉宽《妙峰山琐记》记载的香会队伍中有“阜成门外古城村三义庙攒香秉心会”。《妙峰山志》在“攒香圣会五堂”一节，更明确提出：“阜城（成）门外古城村三义庙攒香秉心会”。民国时期秉心圣会一名为“攒香秉心会”。秉心圣会出会地点在古城村的三义庙，现存500年树龄的古松两株、古槐一棵。庙内碑文记载三义庙始建于明永乐年间，曾有对联一副：“三人三姓三结义；一君一臣一圣人。”秉心圣会始终保持“二山朝顶”（妙峰山、石景山）的传统。石景山的碧霞元君庙始建于明正德年间。从诸多旁证可以看出，秉心圣会有400年以上的历史。

北京民俗中的香会分文会和武会两种。秉心圣会属于武会，其主要表现形式为“花十档”。《妙峰山琐记》中描述，每年有二三百档香会在妙峰山开庙期间朝顶进香。秉心圣会作为其中一档延续至今，并成为京西古城村代代相传的重要生活内容之一，既有妙峰山香火旺盛的外在因素，也有古城村人内在的心理崇尚因素。

二、 秉心圣会“花十档”的活动方式和象征意义

秉心圣会“花十档”分为：

第一档：灵官旗。用白布做成的三角形的大旗，上画一巨齿獠牙的神像，手执钢鞭，做开路状。旗杆顶上绑有一个用木板做成的红葫芦，底下用两块圆木板夹着红穗子。灵官旗由一人打着，为娘娘巡山开路。

◎ 董文寿（左）、田玉川（右）各挑一担栊筐 ◎

第二档：栊筐（又称“圆箩”）。两副，上插挂着小铃铛的三角拨旗，上写“秉心圣会”。民国年间的拨旗飘带上写

有“京都顺天府玉河乡西宛平一区古城村秉心圣会”字样。栊筐两人各挑一担，代表哼哈二将，主要功能是为娘娘催香火和护驾。

第三档：钱粮筐。四只，象征四大天王，为娘娘护驾。他们的法器暗含风调雨顺之意。八个抬筐人象征四大天王脚下踩着的八个小鬼，小鬼抬着钱粮筐为娘娘催香火，象征丰收和富裕。表演时两人一组抬杠，手臂随节奏摆动，上身挺直，脚下交替走摩擦步，全身随节奏颤动，转向时杠换肩，后边的玩角儿指挥前边的玩角儿。

第四档：公议石锁（又称“石锁”）。石锁象征娘娘庙的门锁，代表为娘娘把守门户。文场鼓点儿八套，据说为梁山忠义堂所传。鼓点儿分单斗、双斗、殴斗、长寿钹、斗钹（已经失传）、十八钹、爬山、回香。单斗，象征梁山好汉一个个被逼上梁山的曲折经历；双斗，象征两个人拧成一股绳；殴斗，象征好汉之间也偶有摩擦；十八钹，象征梁山一百零八条好汉团结起来，替天行道。石锁武场玩角儿单人提石锁上场表演，象征村民学梁山英雄好汉单人独闯；双人同时耍一个石锁表演，象征村中人拧成一股绳；殴斗，象征村民之间也偶有小矛盾，但能够自行化解；多人表演，象征古城村人团结起来共同学习梁山好汉的忠孝节义；石锁绝活上脑桩，象征全村人泰山压顶不低头。表演动作有盘肘、错骨、单背剑、双背剑、腰串、膀串、晃壶、拉线、正反合页手等 14 套动作，在此基础上现在又增加了下叉、朝天蹬等动作。

◎ 石锁 ◎

第五档：太平歌会（又称“高跷秧歌会”）。跷腿通高 140 厘米，托面以下 90 厘米。角色唱腔传承了北京地区特有的韵味，又有自身的特点，形成文唱、武练的风格。集体出场唱太平、盼太平，象征古城村百姓共同期盼天下太平。

太平歌会表演有 12 个角色，其身份共有四种说法：一是山精水怪；二是不同阶层的人士；三是化妆后的梁山好汉攻打祝家庄；四是家族与姻亲。12 个角色脚下踩的跷腿子，象征娘娘庙的木栅栏，也是起把守娘娘庙门户的作用。娘娘庙一旦有鬼祟骚扰，侠客们会挺身而出，为娘娘护驾，驱鬼降魔。

◎ 1984 年太平歌会表演 ◎

高跷腿子的脚踏下画着祥云，象征 12 角色能够腾云驾雾。跳茶桌象征跨江越海，跳板凳象征跨越高山，跳联桥（3 条板凳）象征连续翻山越岭。

太平歌会原有跷技 11 种，其中单人、双人表演的有蹲裆、跳蝎子、别黄瓜架、跳八字、蹲行步、倒腰子、背腿子、背剑、抱月、跳疙瘩、鹞子翻身、背跟头、切跟头。集体表演有跳茶桌、跳板凳、跳联桥、单

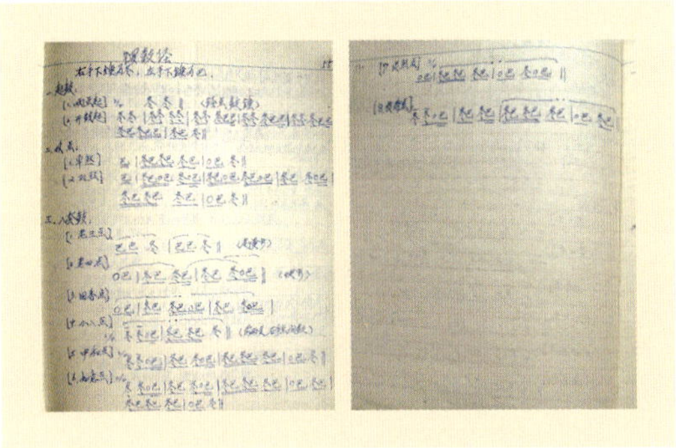

◎ 锣鼓经 ◎

篱笆、双篱笆、单龙、双龙、五虎攒心、搭象楼、拉骆驼、堆山子等，而扑蝶舞、斗鱼、花鼓舞已失传。

太平歌会锣鼓四件的伴奏原有八套：老三点儿、老四点儿、回香点儿、小八点儿、大八点儿、无名点儿、长刹点儿、长寿点儿。起点儿有两点儿起、开鼓起两种。收点儿有单刹、双刹两种打法。

角色动作各有程式化套路。陀头（大头行）打棒有举棒式、双击棒、缠头棒、裹脑棒、四棒连环、五把掏；小二哥（小头行）的舞鞭有举鞭、摆鞭、摇鞭、抽鞭；武扇（公子）的舞扇有摇扇、摆扇、凉棚遮扇、摔扇、点将等；渔翁（老渔翁）的髯口表演有吹髯、托髯、甩髯；樵夫（打柴的）有肩扛式、童子拜佛式、捧担式、直立式；打锣的有推锣、揣锣、飞锣；打鼓的有坐鼓、跳步鼓、扭步鼓、花鼓。

第六档：龙旗牌棍。象征娘娘的半份銮驾（皇帝是整份銮驾）。

第七档、第八档：中军、四执。为娘娘调动香道上的千军万马开道。

第九档：娘娘驾。把虚拟的娘娘现实化，娘娘驾底座左侧上插着桃木尚方宝剑，象征娘娘的权力是皇帝赐予的。娘娘驾由村中一名男童捧着，象征子孙后代都愿意供奉娘娘，得到娘娘的庇护，黄罗伞象征娘娘的至高无上。

第十档：督旗。用黑布做成三角形大旗，旗杆顶上绑有一个用木板做成的黑葫芦，底下用两块圆木板夹着黑穗子，飘带上写着会名，旗面上绣有北斗七星。督旗是护驾的大将军。“大将军行者在前，坐者在后”，象征娘娘庙前的大纛，为娘娘鞍前马后地护驾。

秉心圣会的“花十档”中，除第九档娘娘驾外，其他九档是为娘娘催款护驾的，在护驾的同时为娘娘献档表演。

“花十档”的主要民俗活动为“十一踩街、十二扬香、十三朝顶、十四还乡”。踩街，即农历四月十一在村内献档表演；扬香，即从四月十二开始，全体玩角儿徒步前往妙峰山，沿途路过各村庄也必须献档；朝顶，即四月十三在妙峰山灵官殿、娘娘庙、回香亭进行打知、报号、号佛、攒香、焚表、献档表演等仪式；还乡，即四月十四从妙峰山回香后绕道上石景山，进行二山朝顶。

京西古城村秉心圣会的“花十档”是经过不断完善发展起来的。太平歌会表演，在清代雍正末年完善为 12 个角色。清光绪年间，加入公议石锁，包括文场、武场。

三、秉心圣会的组织机构和传承特点

（一）组织机构

分为都管、前引、管事、司房、玩角儿。

都管为会首，负责会中一切事务，定期组织会务。需要德高望重的人担任。

前引，负责执行会礼、会规、对外联络和主持会内各种仪式。需要头脑机敏、口才好的人担任，是会内活动的主要组织者。

◎ 1957年10月在梁云龙家太平歌老玩角儿合影，左起：梁云龙 、闫殿秋、郝殿银、刘文水、尚绪 ◎

管事，也叫“把儿头”或“搭箱”，负责其中一档会的活动组织，组织玩角儿表演和练功，需要具有一定组织管理能力的人担任。

司房，负责管理会内账务及后勤事务，需要能写会算，并秉心公平的人担任。

玩角儿，是具备一定表演能力的演员。

（二）传承特点

家族和师徒传承相结合。

1. 家族传承

古城村闫姓、郝姓、常姓、梁姓、李姓、刘姓、田姓是老姓。据本村文化人梁云龙 1982 年统计，仅太平歌会玩角儿（分已故玩角儿、前辈玩角儿、中老年玩角儿）闫姓 26 人，郝姓 14 人。村里素有“闫半台”的说法，即闫家占了古城村的半台戏。

常守智将石锁传给了儿子常玉福。太平歌老坐子、公子为闫广庆、闫广胜亲兄弟。鼓手郝永魁7岁开始跟爷爷学打鼓。田茂堂、田忠、田洪彦祖孙三代，田茂堂生前为前引，现任前引为田忠，理事会副秘书长为田洪彦。常守先、于淑清老两口分别是钱粮筐、太平鼓的会头。尹福海、尹生利父子俩同在石锁会。潘洪瑞、潘洪清哥儿俩同抬钱粮筐。可见多个家族的代代相传，是秉心圣会延续的重要原因。

2. 师徒传承

主要表现在玩角儿上，虽没有严格的拜师或出徒仪式，但要接受会礼、会规的约束和多数会众的认可。

四、秉心圣会的主要特点

第一，攒香。秉心圣会属于攒香会。攒香是指在妙峰山开庙时村民

◎ 闫广庆（左）、闫广胜（右）◎

◎ 祖孙三代表演，尹生利（左）、尹鑫鹏（中）、尹福海（右）◎

因故无暇进香者，可将香交与会中，朝顶时，该会代替焚烧。不能进香者还包括当时的小脚妇女、老人、孩子、患病者等，对他们来说，徒步赴妙峰山朝顶是非常艰难的，为此由秉心圣会“顺香”。攒香的含义还包括在妙峰山娘娘庙前进香时搭的香山子，或称“香塔”，即用三炷长香搭成三足鼎立形状，其他香慢慢地贴靠上去。攒香越多说明越虔诚。攒成之后，香塔里是空膛的，将火种伸入空膛点香，使之由内向外点燃，谓之“攒香”。近一米高的香山子代表全村人抱成一团，邻里相助，乡亲和睦，因此称为“古城村攒香秉心会”。筹资方式为，每年的农历五月初一，由前引率领四执，到村中各商铺及村民中筹集香资。店主或村民听到四执的响声，都纷纷出来捐钱、献粮。此外，会中还有约定俗成的说法，即会头捐一块银元，玩角儿捐八角，当然也是自觉自愿的。

第二，每年的踩街和二山朝顶是花会活动的主要形式。

农历四月上妙峰山朝顶进香全部是男人前往。此外，农历五月初一是村中女人和孩子上石景山进香的时间。根据不同人群的特点和人们的不同愿望，而选取不同时间、地点进香，吸引了村内更大范围的人参与，使民俗活动的内容更为广泛。

第三，高跷腿子高，唱时用高腔，自编唱词诙谐、幽默、风趣。

第四，在赴妙峰山朝顶进香的香会中，除秉心圣会以外，还设有其他“花十档”的花会。秉心圣会的“花十档”，在清代就趋于成熟，并保存下来。据妙峰山管委会王德凤介绍，在 2005 年春季庙会期间，古城村秉心圣会是恢复最全的一档花会。灵官旗、哼哈二将、四大天王、旗罗伞扇、龙旗牌棍、中军、四执、娘娘驾、黄罗伞等一应俱全，象征性非常强。“花十档”既有文会的仪仗执事功能，又有武会表演特点，是文武兼备、形式多样的一档花会。

具有 400 多年历史的秉心会还称作“圣会”，而不称作“老会”。有观点认为，一般文会过百年之后，才由圣会改为老会，而武会不在此例。

五、秉心圣会的社会价值

第一，妙峰山朝顶成为一些民俗专家研究妙峰山民俗活动的根基，而在妙峰山朝顶的几百档花会中，京西古城村的秉心圣会延续了数百年，会档又保存如此完整极为罕见。为此，秉心圣会成为专家们研究、揭示原汁原味北京民俗风情的活化石。

第二，京西古城村秉心圣会所传承下来的钱粮筐、石锁、太平歌等表演程式，展现了北京民俗文化活动积淀的成果。钱粮筐、石锁是北京花会中唯一存在至今的表演形式。十档花会的组成方式在北京地区也不多见。其表演艺术借鉴了中国传统戏曲唱、念、做、打和手、眼、身、法、步的一些特点，行腔古朴高亢，鼓点儿起伏激越。石锁表演中吸收了传统武术中的一些特点，富有北方民俗文化特色。

第三，秉心圣会每年农历四月到妙峰山朝顶进香，盼望“戴（带）福还家、风调雨顺、四季平安、五谷丰登”，以跪表焚香，求年年增福延寿、岁岁人口平安。这里面有村民深厚的情感因素，如容启祖所言：“情感可以鼓舞人们的兴趣，振奋人们的精神。”在当时特定的文化背景下也是一种情感的发泄，而这种情感的发泄“可以增加人的生命力”。由于过去自然环境及生活的困苦和压力，人们在心理上寻求一种情感的发泄和安慰。容启祖说以上两种“就是朝顶进香人们大多数的心理。我们不需要歌颂进香的效应，我们亦不必鄙弃进香的迷信，但是从妙峰山进香人们得到的娱乐与安慰两方面看，不能全说他们是不对的。娱乐与安慰可以发挥人生的潜在力，由此可以增进社会的效能”。

◎ 村民们摆出茶桌（一）◎

◎ 村民们摆出茶桌（二）◎

数百年来，古城村民以秉心圣会为核心，凝聚了全村人的信仰，使其起到了和睦乡里、自娱自乐、化解矛盾、凝聚人心的作用，成为古城村进行对外交流、获取信息、自我更新、激发内在活力的平台。这种“娘娘崇拜”客观上起到了潜移默化的引导村民自觉地忠孝侠义、积德行善、和谐相处的作用。

一个普通的村落，能够在历史多变的情况下把秉心圣会延续几百年是不多见的，其主要原因有：

◎ 村民给玩角儿化妆 ◎

（1）特有的地理位置和生计从业形式起到了一定的作用。古城村历史上一直处于京城通往塞外的重要地段。新中国成立前村中人多以拉骆驼、种田和进城学买卖为生。常年的外出拉骆驼，练就了古城村人坚实的脚下功夫，同时，往返于西山和城内的运输劳作，使他们获得了比田间劳作的人更多的信息，思想相对开放。劳动之余村民操练各种技艺，自娱自乐。

◎ 2005年申报项目普查 ◎

（2）有一套可行的会礼、会规，特别是有约定俗成的资金筹措方式。村民们把拉骆驼和做小买卖积攒下来的钱，放在攒香会放印子。村民们都纷纷借用这些钱，认为用攒香会的钱吉利、顺遂，还能表达自己的一份虔心。成倍地返还借款使攒香会有了基本的资金保证，其实是村民对秉心圣会的一种间接捐助。

（3）村内有一批全力传承秉心圣会的玩角儿和热心人。在京西流传有“八角村唱戏，卖口袋卖屉；大峪村唱戏，典房子卖地；古城村唱戏，吹灰之力”的顺口溜。保存至今的民国十八年（1929年）重抄的太平歌词就是印证，其中的精细绘画和抄写需要花费极大的精力，如陀头的鲁莽，公子的风流，膏药的滑稽，小二哥两眼中间三条腿的壁虎，渔翁的髯口，渔婆、老坐子的头饰，打锣的、打鼓的栩栩如生的神态。新中国成立后，梁云龙全力整理、挖掘秉心圣会的相关资料，众多老玩角儿全身心投入也是功不可没的。1954年，玩角儿李殿春为买第二天表演用的腰鼓，连夜徒步到前门，第二天早晨，快到村口时边走边敲响买来的新腰鼓，为的是尽快告诉焦急地等待了一夜的村民。1963年，梁云龙整理、记录了各会档的相关资料，为了寻根唱腔风格，不顾体弱多病，远到陕西探访。2000年，老玩角儿常守智把自己家有上百年历史的大条案和村民的大水缸贡献给妙峰山。古城村的后代马振才、田洪彦等恢复了秉心圣会，并成立了理事会。村民田金生，虽然失去了左臂，但常年坚持用自己的设备为秉心圣会摄录影像资料。太平歌玩角儿闫广胜，胳膊摔伤了仍坚持表演。已经搬到望京的郝松林，听到走会的消息马上回到村里。远在海南出差的安洪均，也闻讯赶回村里。旧时京城的一些老店铺都知道，京西古城村人打工的有个条件，只有答应他们在朝顶进香期间准假回村才在那里做工，可见村民对秉心圣会的重视。

（4）新中国成立后各级政府的多方支持。新中国成立后，古城大队曾划拨土地给秉心圣会耕种，收获的农产品卖掉后作为会费。后来，各级政府又为恢复这一有特色的民俗文化给予了大力扶持。

（5）古城村后代强烈的传承意识。现在村民的后代已成立了秉心圣会理事会，把传统民俗文化和现代群众文化有机结合，在保持传统文化特色的同时创建了新的“花十档”。

◎ 中国社会科学院文学研究所研究员贺学君来村指导申报 ◎

（6）秉心圣会的多项功能吸引了全村的村民。它已经成为村民们信仰的重要内容和精神寄托的一部分，成为他们生活中不可缺少的重要部分。

（7）秉心圣会的活动客观上对村民也起到了强身健体的作用。通过交流技艺，也增进了情感交流，特别是日常生活中的矛盾在这里得到了快速化解。此外，村中男青年通过走会，在途中献档时往往得到各村姑娘的羡慕，结成美满姻缘。

（8）20 世纪 70 年代后，由于政府的扶持和社会各界的大力支持，秉心圣会的花会表演成为村民展示和谐生活的方式之一。

第五节

2013年秉心圣会资料整理出版

自2004年古城村秉心圣会普查申报后，此会活动一直延续。其间有村内踩街、妙峰山走会，参与全区、全市各种展演活动。2013年，石景山区文化委员会和北京市文学艺术界联合会、北京民间文艺家协会先后规划出版“非物质文化遗产丛书”，石景山古城村秉心圣会均被列入其中。为此，石景山区文化馆对该项目的玩角儿进行了一次较全面的采访。其采访由老古城后街社区居委会主任马振才安排并部分陪同采访，由老古城后街社区居委会副主任曹文萍具体联系带路。

◎ 石景山区文化馆苗天娥（中）采访秉心圣会会长马振才（右）◎

◎ 石景山区文化馆甘丽娟（左2）、王春梅（右1）、杨志宏（右2）采访石锁老玩角儿常守智（左1）◎

第三章 秉心圣会会档

第一节　秉心会
第二节　石锁会
第三节　太平歌会
第四节　钱粮筐会
第五节　龙舞会
第六节　驴舞
第七节　太平鼓会
第八节　灯艺
第九节　武术和摔跤
第十节　杂技
第十一节　狮舞会
第十二节　腰鼓

梁云龙从1965年起，到去世前的20多年间，一直在记录着古城村各个会档的情况。这期间各级文化部门通过各种渠道也进行过多次入村调查，搜集到部分古城村花会的相关资料，但均为古城村的玩角儿和村民口述后所记录。而梁云龙，他以古城村民、花会组织者、花会玩角儿、花会资料搜集、整理者多种身份，较翔实地记录下了从新中国成立后到改革开放初期古城村花会的发展和存活状态。以下各会档，是以他的笔记为基础进行的整理、修改、补充与完善。

随着历史的发展，古城村花会经过社会的变迁和历史的流变，已经不再仅限于原来意义上的娱神香会。通过古城村人的谦逊好学、刻苦演练、壮大发展，会档逐渐增加，到1983年春节，古城村花会已有太平歌会、石锁会、钱粮筐会、狮舞会、龙舞会、驴舞、太平鼓会七档。到2013年，古城村花会出现了新的“花十档”。现将已知的古城村历史上曾经有过的会档做如下梳理。

古城村花会新中国成立前大的方面分为“三会”，即：秉心会、石锁会、太平歌会；细分，又为“花十档”，即十种不同形式和内容的小文艺组织。这十档会，除石锁会、太平歌会另有都管以外，其余八档全由秉心会直接管辖。

第一节
秉心会

秉心会总头目叫“都管”（督管），以前由常守义的父亲常永富担任，常永富去世后，由郝德仲的父亲郝国江和闫玉旺的父亲闫殿奎接任。

都管以下设管事——又叫“搭箱”，是在行乡走会中拿旗的。

前引在行军中就是开路先锋的角色，直接由都管领导。在会档行进中起引导和领队作用，又是个礼宾的角色。秉心会的前引由田茂堂（田庆父亲）及常守仁（常玉杰大伯）担任，闫富华（闫明父亲）也担任过前引。

秉心会里还有一个“内务部”——司房和管事。司房就是管账的先生，管事就是会中的参事。当过司房的有田子斌、高永生、马如清、郝德雨，当过管事的有曹永才、郝殿安、闫富华等。

◎ 2005 年 5 月 21 日龙旗牌棍参加妙峰山庙会 ◎

常永富老都管收过四个徒弟：马如清、田茂堂、郝德雨、仲德庆。另外，常守仁、常守义因为是自己的儿子，教徒时可以旁听，常永庆、梁占生也经常旁听。

我们经常看到的四面大铜锣叫“大筛”，行里人叫它“四执”。当

◎ 中军、四执 ◎

时能打筛的有田桂芳、郝德荣、田茂堂、闫富华、张义，八角村的刘金子、北辛安的李某某，还有常守仁、常守义、常永庆、马如杰等。

捧娘娘驾的是郝德成、张玉峰二人，因为他俩是“跳墙和尚”。拿筐督旗的是肖宝玉。龙旗牌棍加老桄、四执全由杨清波管。拿大旗的是剃头的大孙，还有拿红罗伞的。四执旗上画灵官神像。大督旗是三角形黑地儿白狗牙边，有白色北斗七星图案。

第二节

石锁会

石锁会创建于清末光绪年间，全称是“公议石锁”。石锁会成立后，就成为古城村三大会档之一，受到人们的喜爱并让人引以为豪。

石锁，石制，长方体，有把儿，雕刻成过去老式锁的形状，小的七八斤，十一二斤，重的有32斤，最重的有50斤。据说石锁是清朝的一位大官发明的，主要是抵挡刀枪棍棒。妙峰山十八盘路上原有那位石锁发明人的小庙，里面有一个石锁，上面刀痕累累。传说在一次追杀中，那位官员只凭石锁抵挡对方进攻，最后累死了。

其实，在清代的健锐营演武时，就有一种技艺叫“技勇石”，形如石锁，大的有二三百斤，表演动作有“天鹅下蛋”，类似今天的“脑桩”；由裆下掏出转身再接住，叫“张飞骗马”，类似今天的“掏裆”；还有正扔、

◎ 董景生在妙峰山庙会上表演石锁上脑桩 ◎

◎ 1964年石锁玩角儿在村内练习，左起：刘文明、董文庆、闫玉来 ◎

反扔、跨扔、背扔，接法上有正接、背接、肩接、头接、肘接等，目的是增强腰部的灵活性和双臂的力量。他们的表演套路和技法，应该是古城石锁会的传承来源。

传说村里闫家老前辈，经常给城里南池子一家寺庙里卸烧煤。他偶尔跟庙里方丈提起古城太平歌会怕狮子蹲门一事，方丈很快回答说：“不要紧，我教给你们一样玩意儿。”随即指着地上放着的石锁说：“如果今后你们再遇到狮子蹲门，就把这玩意儿放在它的面前，把它锁住就行了。”从此闫老前辈就认这位方丈为师，学石锁功夫，有盘肘、错骨、拉线、吊线、腰串、膀串、倒把、单双背剑、正反合页手、掏裆、骗马、脑键、踢球、幌壶14套玩意儿。学好后，带艺教徒。几乎同时，常姓村民常德玉和田姓村民“把式田”的爷爷在大德恒烟铺学徒时，也在阜成门内一所弥勒庵里学会了石锁功夫。这样，古城村的石锁会就诞生了，花会再也不怕狮子蹲门了。

古城旧时的石锁会有文场、武场之分，文场以八套鼓伴奏助威，武场是石锁的武功艺术表演，也曾轰动京西。改革开放后，有女同志也加入了耍石锁。

文场以鼓为主，另有大钹八对，小镲两对。据传古城石锁文场的八套鼓乃梁山忠义堂所传。清末，有一年石锁会去妙峰山朝顶，被一伙人拦住非要停了石锁会的鼓点儿，还是万缘同善茶棚的主人出钱财为石锁会挡了驾。

石锁会文场鼓点儿分为单斗、双斗、殴斗、长寿钹、十八钹、爬山、回香、斗钹。鼓点儿可以随心所欲来回翻滚，打起来真是声音洪亮。现村民李文仁得到过安文秀的传授，安文秀师从何人已无法考证。石锁会的文场不但在花会中起重要作用，在村里老太太会的石景山上接娘娘驾、

◎ 石锁玩角儿陈月献档表演 ◎

村里的红白喜事中都是重要的娱乐工具。

根据仅有的材料，把已知的石锁会成立后的负责人及演员列后：

都管——闫殿禄（闫玉崙之父）。

武场的第一拨玩角儿有郝廷元、安连旺、闫德财、郝殿明、李德山、闫殿举、闫德祥、闫殿祥、闫祥、闫殿忠、常永和等。

第二拨玩角儿有常永庆、闫厚、马殿富、郝大铁子、田明亮等。

第三拨玩角儿有郝德义、郝德仁、董文庆、闫玉来、闫殿文、常守智、李文学、曹德江、田玉深等。

文场鼓技有闫富华、梁德金、郝德山、安文秀、闫玉崙、梁占富、李文仁、郝玉栋、闫玉来等；钹技有常金、董文全、闫水等。还有闫殿有，打了一辈子小锅。

石锁会的玩角儿旧时曾在天桥踢过场子，还在白纸坊为石头铺做过石锁的表演宣传，能扔130个腰串不出圈子和上脑剑不伤，传为佳话。

◎ 常守明石锁表演 ◎

◎ 1988 年春节踩街，常守智献档表演石锁上脑桩 ◎

第三节

太平歌会

古城村的太平歌会，也叫“高跷秧歌会”，后来会唱的人少了，年轻人就直接叫成“高跷会”了。古城村的高跷据说是由不踩跷的地秧歌演变而来的，也有人说跷技是由周口店传入的，后来才成为演唱与跷技相结合的高跷秧歌，而且是在清雍正年间已完善为12个角色了。

◎ 1957年10月太平歌玩角儿李殿春（左）、马振瀛（右）在练习 ◎

新中国成立前，古城村的太平歌会每年农历四月中旬到门头沟区妙峰山朝顶进香，去的时候称“宝香”，路经麻峪、三家店、南庄、樱桃沟等。回来时称“回香”，路经石景山朝顶，然后由山下村返回古城。每当路

◎ 2004年12月18日复会时太平歌玩角儿合影 ◎

过一个村庄或茶棚都必须做精彩的表演方能通过。

一、 人物

古城村太平歌舞按照会谱规定为12个角色，表演摆阵和堆山子时12个人都上。踩街的时候，是双排同行，即陀头（大头行）、小二哥（小头行），武扇（公子）、文扇（老坐子），渔翁、樵夫（打柴的），丑鼓、俊鼓，丑锣、俊锣，卖药的先生（膏药）、渔婆。高跷有文武之分，腿子比较高的，以表演、演唱为主的叫“文跷”，古城村应该属于文跷。高跷腿子矮的，以技巧和武功见长的称为“武跷”。

1. 陀头

又叫“大头行”“打棒的”。其人物乃是带发出家的花和尚，性情鲁莽、刚直，说起话来哇呀呀怪叫。其唱词有《鲁达拳打镇关西》、《倒拔垂杨柳》等。脸谱应勾黑脸或黑花脸，身穿皂衣，颈戴戒珠，手持两根短木棒，其实是指挥太平歌舞中伴奏之用，是太平歌舞中的领头人，必须有过得硬的跷功及熟练的演阵法。陀头在列队行进中两根木棒上下翻飞，打出既符合节拍，又能表现本角色特点的各路棒法。其棒法有举棒式、双击棒、缠头棒、裹脑棒、四棒连环、五把掏等。

2. 小二哥

又叫“小头行”。小二哥是幼年童子，性格顽皮好动，在剧目中据说是老坐子的独生子。因其家境贫寒，没念过书，平时以卖豆为生，跟老娘相依为命。小二哥左手挎篮，右手持鞭。为什么要拿鞭子？一是因为小孩在小时候爱玩鞭子；二是可能为了打狗之用。“小小二哥挎金筐”之歌词，是歌颂小二哥卖豆养娘孝顺母亲的一首词，是对贫苦孩子小二哥的赞颂。

这个角色的脸谱勾童子脸谱。古太平歌谱在小二哥面额中画一个蝎虎子以表示其出身乃妖怪，改良后可勾画净脸儿童脸谱，以英俊顽皮的形象突出人物性格。小二哥的鞭子是重要的道具，在戏剧舞台中鞭子可当作马，也可当作鞭，而在太平歌舞中，全凭着这条鞭子打出各种不同生动、活泼的动作。其鞭子的舞动程式有举鞭、摆鞭、摇鞭、抽鞭等。

3. 武扇

又叫“公子”。这个角色在戏曲中为三花脸，而在太平歌舞中他是

◎ 2006年1月30日踩街，陀头（大头行）刘凤水（苗大雷摄）◎

◎ 小二哥（小头行）闫洪金 ◎

◎ 武扇（公子）闫广胜 ◎

◎ 文扇（老坐子）闫广庆 ◎

中心人物，不但嗓子好，唱词多，而且跷技的功夫也得过硬，他必须能学12个角色的动作。

公子身穿绣花开氅，内衬软靠、头戴公子巾，足蹬薄底快靴，手持折扇，走起路来摇摇摆摆，东瞧西看，所谓浪荡公子。公子表演套路归纳起来可分为摇扇、摆扇、凉棚遮扇、甩扇、点将几种。

4. 文扇

又叫“老坐子”，有的地方叫“寡妇”。据说她是小二哥的母亲，在戏曲中应该是青衣装束，手持鹅翎团扇。有的太平歌队让老坐子右手拿一把笤帚，以表示她是个勤劳的家庭妇女。

老坐子不是公子的配偶。在舞蹈中的调情场面主要是调节一下剧中的气氛。老坐子与公子双双配合，在许多场次中起到良好效果。例如：在堆山子群曲二人的表演唱，以及搭象楼、拉山子、拉蝎子等，二人在队前引导路行，表现出生动活泼的热烈气氛，给观众留下深刻印象。

5. 渔翁

又称“老渔翁”，是一位白发苍苍的老汉。他肩挎鱼篮，手持鱼竿，留着长长的胡须，腰板已经下驼了。在打鱼的时候头戴斗笠，身披蓑衣，足蹬草鞋，身穿布衣。

渔翁在太平歌舞中的装束是冬装：刷子帽，不戴帽圈；夏装：白发鬏，戴帽圈，都戴有面牌。穿土布黄袍，腰系丝绦，白眉白发，白胡子（胡子在戏曲中叫“髯口”），勾老年人脸谱。渔翁的表演大体上围绕着髯口，即所谓的“吹胡子瞪眼”，有吹髯、托髯、甩髯等。

6. 樵夫

俗称“打柴的”。他的装束与职业不大相称，这也不难理解。因为石秀曾化装樵夫潜入祝家庄，朱买臣潦倒时也曾打过干柴。因此太平歌舞中樵夫的妆有的化石秀，有的化武生，勾净脸。

樵夫肩挑扁担，腰掖板斧，看上去就是一个打柴的。但这条扁担也得演出几种姿势，大体上有肩扛式、童子拜佛式、捧担式、直立式等。

7. 卖药的先生

俗称“膏药”，在太平歌舞中是一个丑角。他左手拿膏药幌子，右手摇串铃，边走边摇边回头，是一个身背药箱走街串巷卖药的先生。

要按这个人的角色，应该是身穿蓝布长衫，头戴草帽，足穿白袜、青布鞋，在戏曲中勾小花脸。古城村膏药的扮装是个清朝七品县官：头戴红

◎ 渔翁（老渔翁）郝松林 ◎

◎ 樵夫（打柴的）梁云凤 ◎

◎ 卖药的先生（膏药）尚长龙 ◎

◎ 渔婆闫洪华 ◎

缨帽，身穿补子朝服，足蹬薄底朝靴。而其脸谱画一副眼镜，半戴半不戴，两个太阳穴画两贴膏药，挂三绺长髯。

8. 渔婆

从名称上推断渔婆好像是渔翁的配偶，而其实是渔翁的女儿。

渔婆头戴帽圈，身披云肩，穿长裙，背鱼篮，腰系绸带，手提汗巾，是个渔家女打扮，也可以扮成穆桂英。

9. 丑锣和俊锣

丑者年长一些，功夫要硬些。俊者年轻些，勾武旦净脸，功夫可以差一点儿。

丑锣头戴紫蓝色绣球额子，在红缎子袄上绣蓝白色花，汗巾颜色也与俊锣有所区别。俊锣头戴粉红绒球额子，身穿绣花红缎子袄，腰系汗巾，一手持锣，另一手持锣旋。

锣的功夫有推锣、揣锣、飞锣等。

◎ 丑锣马景才（左）、俊锣郝彦林（右）（苗大雷摄）◎

◎ 丑鼓田有军（左）、俊鼓郝玉春（右）◎

10. 丑鼓和俊鼓

丑鼓和俊鼓仍是一丑一俊。丑鼓勾三花脸，俊鼓勾小生净脸。

装束：头戴马尾透风巾，身穿青缎皂衣，白色丝绦鸾带。挎鼓姿势必须同为左鼓右肩或右鼓左肩，两手各持鼓棒一根。鼓的功夫分为坐鼓、跳步鼓、扭步鼓、花鼓。

二、跷技

高跷，有的地区叫“高脚”，也有叫“侠客木”的。它的高度因为各地区的要求不同而有所差异。古城村的高跷全高 139 厘米，托面以下高度 90 厘米（老高跷 94 厘米）。托面以上绑在腿上的部分长 49 厘米，（最短的 46 厘米）。

托子：托面厚度 4 厘米，面长 10 厘米，面宽 9 厘米。

托板：属于葫芦形状，上大下小。上宽外露部分为 8 厘米，下宽外露部分为 2 厘米，榫内伸进 1 厘米。

古城村高跷主要技巧有：

1. 蹲裆

俗称“倒打蹲裆”，这是因重心在后的缘故。这个式子取“马式”，下蹲后起伏运动，适于倒行，左右跳都可以。这个动作陀头用得最多。

2. 跳蝎子

这个式子取“燕式平衡”式，上身前倾成平行。头抬起来，两手向上举，一条腿翘起来，另一条腿着地，向前跳。这个动作小二哥出入场时经常使用。

3. 别黄瓜架

上身下蹲，两跷成 X 形，跳起来稳定性较好，向前、后、左、右跳都可以，向后省力些。这个动作公子运用较多，有时陀头、小二哥也运用。

4. 跳八字

上身下蹲，跷成人字形，一前一后跳起来，稳定性最好，如果前腿不动，后腿衬托平衡可以转圈 360 度。这个动作膏药、公子运用最多，适于横跳。

5. 蹲行步

两膝贴紧下蹲，成平行状，可以向前一步一步行走，稳定性较好。这个动作膏药经常运用。

6. 倒腰子

跷成“<”形，膝部前倾，上身后仰，倒行最佳，适于下斜坡用，如果达到铁板桥的功夫更为理想。这个动作膏药经常运用。

7. 背腿子

抬起左腿，然后由左手将跷的下部抄起来，挎在左肩头上，右腿着地跳行。相反，用右腿、右手，挎右肩也一样。这个动作运用普遍，陀头、小二哥、公子、膏药、打鼓的均可使用。

8. 苏秦背剑

往后起左腿，由右手抄起，然后挎在右肩或用左手只抓住左腿，然后再交给右手，右手由右肩伸向后抓住左腿跷头，贴在右肩头后面，形成斜背剑状。这个动作陀头、小二哥、公子、膏药都可以运用。

9. 怀中抱月

起左腿横盘与大腿根齐，右手抓住左脚腕上端，右脚单腿着地，蹦跳。这个动作渔婆、老坐子通用。

10. 跳咯嗒

右腿着地，左腿抬起向前伸直，原地或向前蹦跳。这个动作打锣的斗场时常常采用。

11. 鹞子翻身

左腿向右前方向迈出，形成盖步，同时两胳膊向左右方向伸平，腰稍后仰，并向右后方向翻身，走背步亦可形成翻身。当两个翻身完成后，接着再上一个背步或盖步，即形成连续翻身。这个动作老坐子、公子多用之，陀头、小二哥也有运用。

12. 双人跷技——背跟头

甲背乙，甲、乙对面站立，甲双手抓住乙的两个手腕，甲将左腿向前上一步，同时乙将左腿向后右方向撤一步，形成背步，或用右腿向左前方上一步，形成盖步亦可，这时甲、乙二人同时翻身，形成背靠背的姿势，这时乙的两腿同时岔开，而甲的两腿一前一后，形成右弓箭步，左腿插入乙的两腿中间，甲的背部略微低于乙的背部。甲上身前倾，用力向前背乙，而乙向后弯腰提气，两腿向上勾抬，再向后卷，形成在甲的背上来一个后滚翻，落地以后，甲、乙二人成面对面状态，稳定不倒，即算成功。

13. 双人跷技——切跟头

甲切乙：甲、乙先正面站立，乙在甲面前向左转90度，形成甲是正面，乙是侧面。这时乙双腿并拢，甲两腿稍岔开而左腿插在乙的两腿后。甲伸出左手拦住乙的前胸部，掌心向左，同时弯腰将右手插入乙的臀部下面两腿洼子上端部位，左胳膊后拨，右胳膊上抄，用力往后翻，将乙从甲的胳膊上翻过去，这时乙也借劲后仰，形成后空翻状态。凡过后站立稳定不倒即算成功。

背、切跟头主要多练地上基本功。被背或被切的人体重越轻越好，背的人高跷质量必须是最坚固的。背、切跟头主要用于斗场以后，必须穿插故事情节，单纯的背、切跟头主要表现跷技，效果欠佳。

当公子发现老坐子被膏药捣乱以后，心中非常生气，才演出拉住膏药背、切跟头的闹剧来。

14. 越障碍

平时所说的跳板凳，其实不太确切，因为板凳可以改为桌子或其他的东西，应该叫“越障碍”。安排活动时选择大板凳，主要是因为它既方便又可靠。

跳板凳的方法是将大板凳横在场地中间，拉开冲跑距离，演员在10米左右的距离冲出去，半跑剪子步，当到达凳前1米左右的时候，单腿起跳。前腿横抬起以后，紧接着后腿也跟上去，一鼓作气，干净利落。跳过以后，上身下沉，双腿落地成八字形，以减弱跷身的压力。接着来一个鹞子翻身，或跳过去后当前腿着地后腿往上抡时，出手将后腿末梢抓住形成背剑式，十分漂亮。一般的太平歌会前半台能跳过6个人就不错了，而古城村的人能连续跳过10个人。有的越过八仙桌上加板凳，外加茶具一套。跳板凳难度并不大，主要靠力气和勇气。通常运用的个人跷技有11种，其中单人的8种，双人的2种，集体的1种，不常运用的是劈叉和走联桥。

三. 阵法

太平歌舞作为一个艺术组合体，无论它在出场、入场和路行中或在入场以后的演出中，始终保持一个有艺术性的队形，这种队形及有关它们之间的变化，是一种有计划、有目的、安排得当的走场。

1. 斗场与走场

斗场是在演出中安排的一种单人、双人或更多演员的一种舞蹈，如：扑蝶舞、扑鱼舞、调情舞、花鼓舞等。

2. 八套玩意儿（阵法）

摆阵法或说演阵法就是我们所说的拉玩意儿，祖先传给的八套玩意

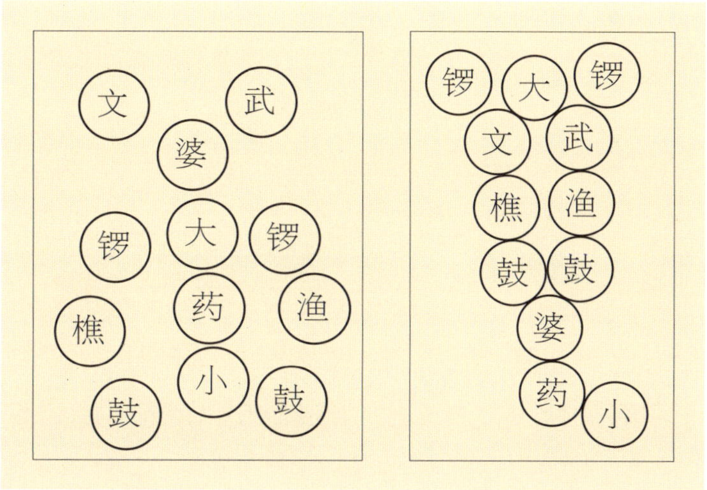

◎ 搭象楼（左）、拉蝎子（右）示意图 ◎

儿，实践中已经运用许多年了。八套玩意儿如下：单篱笆、双篱笆、单龙、双龙、五虎攒心、搭象楼、拉蝎子、堆山子、拉山子。

八套以外后增加的有推车舞、四门斗、蛇蜕皮、风摆荷叶、一字长蛇、双龙出水、双交叉。

双人舞有扑蝶舞、扑鱼舞、调情舞、花鼓舞。

四、锣鼓点儿

锣鼓属于打击乐器之一，它在整个太平歌舞中起协调作用，目的是使全体演员在演出中步调一致。它与其他文艺活动和戏剧都不一样，因为它们的乐器伴奏都在台后，而高跷锣鼓却由演员携带乐器直接搬上舞台。这些伴奏演员，也算作出场演出的演员成员之一。

高跷锣鼓共分八套打法：老三点儿、老四点儿、四香点儿、小八点儿、中和点儿、如意点儿、长刹点儿、长寿点儿。起点儿有两种，即两点儿起，右手鼓槌点闷鼓；开鼓起，俗称“疙瘩蹦起”。收点儿有两种，即单刹、双刹。

第四节

钱粮筐会

钱粮筐会在华北地区所有花会中是少有的，目前古城村活态传承的钱粮筐可以说是独树一帜。钱粮筐共有四只，据说象征四大天王为娘娘护驾，四只筐各含一个意思，即“风调雨顺”。抬筐的八个人象征四大天王的脚下踩着的八个小鬼，小鬼抬着钱粮筐为娘娘催香火，而后娘娘再向人间施舍钱粮，同时象征人们求丰收和富裕。这个庞然大物俗称“钱粮筐”，新名叫“丰收筐”。

◎ 2005 年 5 月 21 日妙峰山庙会钱粮筐表演 ◎

钱粮筐适合在街头演出。两个人抬着一根大竹竿子，中间穿着一个大筐，筐边立着四根竹竿儿，竹竿儿上有四面小三角旗，旗上拴着许多小小铜铃铛，抬起来步调一致，走摩擦步，手臂随着节奏摆动，使筐上下颤动发出“哗啦啦”的声音。四只筐，起初在行香走会中是后勤供给的一种运输工具，里边装着香烛纸马，后来经过演变和加工，就成了目前这种文体项目了。

这档花会看起来很简单，也很容易掌握，其实不然，它需要一定基本功，主要是在摩擦步上，这个步伐掌握不好筐就颤动不起来，筐上的铃铛也就发不出声音。再有，两个抬筐的人要配合得好，才能步伐协调一致。四只筐都颤动起来，铃铛声音洪亮，节奏感强，才能走出拉抽屉、夹篱笆等生动活泼的套路场面来。这档花会气氛热烈，场面很大，给观众以莫大的鼓舞和力量，使人感到振奋。

第一批老演员：梁生（梁二侄子）、郝国胜、常三宝、郝国香、杜白秋、田明亮、李大锁。

第二批老演员：郝德利、郝德福、郝国雨、郝国云、董占祥、董占军、杜庆、曹德水、郝殿水、郝殿福。

筐督：杜清波。

第五节

龙舞会

古城村的龙舞是1983年春节才与广大群众见面的。在排练过程中，曾得到市文化局老沈同志、小王同志的大力支持。北京军区战友文工团李教练大力协助，精心辅导，在春节前气温零下10摄氏度的冰天雪地里带病来古城大队指导排练。龙舞春节期间与广大群众见面，在古城地区、八宝山地区的两天演出中得到广大群众的好评。春节前龙舞还曾到过八大处和北京军区慰问战士演出，深受广大指战员的热烈欢迎。为了表示对演员们的谢意，军区首长送给每位演员一条毛巾，作为纪念。

龙舞在第一年的排练和演出中曾表演了大倒把、小倒把（也叫“大摆尾”“小摆尾”）、盘龙、单钻龙、双钻龙、单跳龙、双跳龙、过龙、窝脖、点水等精彩动作，给节目增添了热烈气氛。

1988年演出名单：

队长：刘文明；

副队长：张玉水、马殿河；

教练：董文寿；

◎ 1988年龙舞队参加中央电视台春节录制节目 ◎

◎ 2005 年 11 月龙舞队参加石景山区“千日迎奥运”活动 ◎

龙头：陈俊杰、郝殿泉、陈友富、张国财；

举龙：赵立青、赵立付、田有江、闫洪龙、闫玉民、闫玉雪、闫洪莲、董景林、肖玉才、吕少洪、郝洪亮、郝银会、郝玉马、闫洪平、闫洪水、徐建筑、闫洪春、郝国银、郝殿仓、董文凤等。

第六节

驴舞

◎ 1983年参加石景山区花会踩街，前排左起：闫殿荣、李文芝、马景才、常守元 ◎

跑驴，是一人执驴形道具扮骑驴妇女，另一人扮赶驴人的双人社火舞蹈。古城村人也叫“驴舞”，表现了一个农民送媳妇回家的情节。小毛驴，粉眼白肚皮，欢蹦乱跳的倒也精神。媳妇骑驴，怀中抱着可爱的娃娃。丈夫赶脚（有的化装成傻柱子），一路跋山涉水，走过许多坎坷不平的泥泞小路。有时毛驴卧在泥塘里，丈夫费尽九牛二虎之力拉缰绳、揪尾巴仍未脱险，就想出暂时把小孩放一旁，脱险后再抱回小孩的办法。在种地老汉的帮助下，经过一场前拉后推的紧张战斗，终于走出了泥塘。

古城村的驴舞首演于1964年，当时扮演赶驴的李殿春和骑驴的刘秀英二人合作较成功，“文革”期间停演。1983年春节，在石景山区文化文物局的支持下，驴舞又重新与广大观众见面，而且又增加了一头驴。同时，也培养出四名青年演员。驴舞演出场场受到观众的热烈欢迎，得到群众的好评，为农村文艺增添了新的异彩。

导演：刘秀英；

伴奏兼指导：郝德奎；

队长：常守元；

演员：田有水、闫贵利、马景才、王俊国、李洪禄、郝殿江。

第七节

太平鼓会

古城村太平鼓在新中国成立前后都有流传，20 世纪 80 年代正式组会。太平鼓鼓点儿套路有搧鼓、夹篱笆、拉抽屉、摇头跪、扑鼓、斗公鸡。太平鼓的表演者不分男女老少，古城村的老太太有近 80 高龄的还表演过。古城村“小脚女人”的表演更加具有特色，重要体现在其舞姿极为优美和步伐特别和谐并有节奏感上。

◎ 太平鼓表演 ◎

◎ 2009 年春节太平鼓参加国际雕塑公园庙会活动 ◎

太平鼓每年集中在春节前后活动，参加人大部分是妇女。他们三五成群，集中在某家院内或街头巷尾，不受任何约束，活动形式简便易行。古城村在新中国成立前后流传的鼓点儿有老三点儿、新老五点儿和七点儿。表演的套路有搧鼓、圆鼓、夹篱笆、拉抽屉、串胡同、斗公鸡、四方鼓、摇头跪、扑鼓、扑蝴蝶等。太平鼓实际上是一种很好的民族舞蹈，独具特色，我们要从保护非物质文化遗产的高度去理解和认识，加以整理和挖掘，使这朵民族之花永远地传承下去。

女表演者：闫富秀（冯玉瑞的母亲）、闫玉清的母亲、田金生的母亲（田培林的老伴朱玉英）、闫殿余的老伴、田德水的母亲。

男表演者：刘祥、董占富、田桂方、闫富华、闫殿奎、梁德全、常金、李殿春、闫明。

第八节

灯艺

古城村灯组成立于1954年，创始人是刘文清、常守信，其他成员有闫玉海、闫玉来、郝玉杰、常玉杰。其经费来源除本村各生产队支援少部分以外，主要由其他文艺组织支援及群众捐款自筹。经过一年的筹建，并费近一年的时间制作，1956年春节在后街14号前后院及托儿所内与广大群众见面了。这次展出的花灯完全是自制的，共300多盏，其中有宫灯、纱灯、走马灯、塔灯、象灯、狮子灯、猪灯、鱼灯、莲花灯等。因为保管困难，以及"文革"期间的干预，于1966年停止制作花灯。20世纪80年代恢复制作，并参加元宵灯会活动。

◎ 1988 年 2 月古城大街元宵灯会，制作人员在自制的灯笼前合影。
左起：郝玉马、郝玉斗、田有军、郝玉杰、梁春明 ◎

第九节

武术和摔跤

一、武术

清末古城村少林武术会开始流行。一个到古城村打工的宋把式找到会头常永富，主动教授村民武术。几年时间，练习的青年人功夫进展很快，由个人单练发展到二人对练，由拳脚发展到器械，三节棍、二节棍、软鞭、双刀、大刀等学了不少，还学了一些散手。在太平歌会的影响推动下，又成立了少林武术会，推举宋把式为会头。跟宋把式学过艺的要数田培成的爷爷（老乡长田德祯的父亲）最为优秀，人称“把式田”，据说后来田老先生又收过四个徒弟。武术功夫最好的要数董老汉董富祥（董占营的爷爷），其他还有高永清的父亲高大天、高四、闫三、郝生秋的舅舅（郝玉栋的太爷）、莫荣的父亲（莫来子的太爷）、郝德厚的父亲郝国良。

常永金的父亲常禄是跟某煤铺学的武艺，后来传给了安德福一部分，据安德福说他自己学过鹿花枪。北后道私塾老先生郝国魁（郝德旺的父亲）也练过武术，能练七节鞭、三合刀。

大南院闫玉斌的父亲闫殿举，年轻时曾组织过“跟头拨子”，就是以翻跟头为中心的农村花会。

1964 年随着狮舞的出现，武术也随之上场了，当时出场的有梁云龙、马振瀛、罗小华、郝德亮。古城村武术爱好者还有查派弟子李玉有、李玉成及本村原宣武区武术社弟子张国栋。

◎ 梁云龙徒弟刘小瑜 ◎

1983年春节过后，农村大队成立了武术队，当时把武术队列入农村花会，参加的人有张国栋、李玉成、郝德平、郝德明、张玉水、董景生、郝殿均、郝洪志、闫洪明、董长富、张国良、常金来等，负责人是梁云龙和马振瀛。

1984年春节，武术队仍以小规模的阵容上场与观众见面，当时上场的有李玉成、常金来、董景生和几名小学生，以及古城村太极拳师张义，弟子田庆、董文源、闫厚、潘洪瑞。

二、摔跤

古城村已知的早期摔跤老前辈要算张义了，其他摔跤爱好者有郝德仲、闫厚、张涤，后来又有陈玉钧、郝德春。

新中国成立后有闫广德、刘进福、郝殿祥、樊志祥、田文亮、陈玉堂、刘文明、郝玉才、董文庆、闫殿文、闫玉来、郝殿富、郝殿泉、曹德江、常守成、闫水、田连荣、马振瀛，后来小将有郝玉芳、田俊、陈俊兰、郝殿明、张国良、张国财、高柱子、白孩子（闫洪春）、董五（董景林）、董六（董景生）、田有山、梁小五（梁云溪）、郝玉来、陈有富。

第十节

杂技

古城村杂技爬杆演出队受吴桥马戏团的启发和本村狮舞的影响，于1964年成立，创始人是董文庆和闫玉刚，演员有董文河、董文凤、马殿河、尹福海、刘文明、田培源、闫广福、张玉水、闫广金。演出队建队后与本村石锁会合并，用石锁的文场打击乐伴奏，演出节目主要有爬杆、钻圈、跟头、叠罗汉（人山子）等。

1965年春节和1977年春节古城村杂技爬杆演出队分别演出过两次，后因演员老化，后继无人，不得不停演，1983年元宵节未能参加演出。

◎ 1964年在董家大院，董文寿、刘文明、董文凤、田培源、董文庆、闫玉来六人爬杆 ◎

◎ 1964年董文凤（左）、董文寿（右）练习杂技基本功 ◎

第十一节

狮舞会

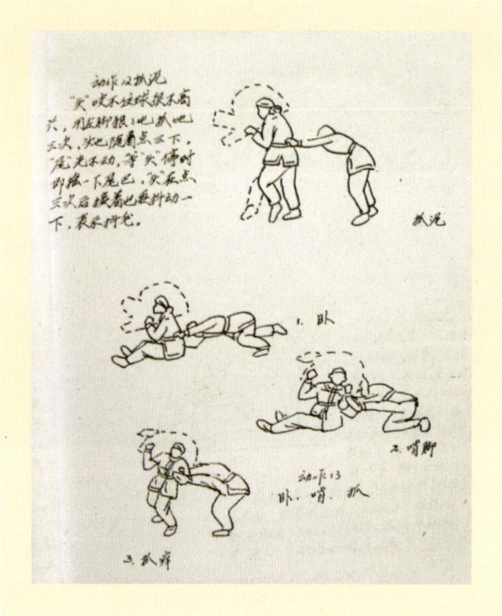

◎ 梁云龙记录的狮舞动作 ◎

古城村的狮舞基本属于河北双狮，同时也吸取了安徽青狮的一些反扑、滚跃动作。古城村狮舞始于1959年“七一”农业中学，学校解散后，将狮舞道具分给了古城村。1963年，在常守成的倡导和金洪栋的大力支持下，于正月初十开始建队。全体文场、武场演员经过一年的刻苦学习，于1964年春节正式出场演出。狮舞在排练过程中，曾得到过不少单位和个人热心、诚挚的指导帮助，有广安门外马连道汽车场狮舞演出队的全面指导，还有故宫博物院建材局武术队和武术家任展清师傅对领狮的指导，北辛安小学体育老师王永生对跳箱的指导，北辛安武术爱好者范德亮对踢腿、号腿的指导，石景山钢铁厂刘之发、刘贵对旋风脚、旋子的指导，吴桥马戏、杂技团对跟头的指导等。

一、场记

（一）第一场：三联凳、转凳角

道具：木凳三条，下面放两条，上面横一条，放在场中间。

武士跟头出场亮相后由上场门引出单狮走过场。狮子四脚站在凳面上，武士按照一定的顺序领狮跳凳四角。

顺序：

（1）由第一角跳到第二角再返回第一角（直跳）。

（2）由第一角跳到第三角再返回第一角（斜跳）。

（3）由第一角跳到第四角再返回第一角（半圈）。

（4）由第一角起跳转一圈仍返回原地（整圈）。

（5）转完四角，狮头前脚落地，然后跪跳起凳面吸水。狮子前脚仍回到上层凳面准备跳下。狮头跺前脚给狮尾信号后齐跳下凳。下凳后双下蹲打滚儿。

（6）武士引狮过场后回场。

◎ 1977 年狮舞队合影，前排左起：郝殿洪、闫明、潘德银、梁云龙、闫玉明 ◎

（二）第二场：桌旋场1（后改为方桌场）

道具：一张大方桌放在场中间。

武士跟头出场亮相后回上场处引出单狮，经过场后引狮上桌，当狮子上桌后武士跟头下桌，同时狮子前脚落地。

武士转桌旋，狮子也跟着跳四角；跳完后，狮子前脚跳上桌面，武士领着狮子转四角，转完后，武士托球空中，狮子抢球望远转圈。望远结束，仍自转一周，稍微休息一下，然后横跳下桌打滚儿，站起后入场。

（说明：1. 武士上桌可做头手翻动作，下桌可做铁门槛或后空翻动作。2. 武士引狮出场可做旋风脚或旋子动作。）

（三）第三场：双蹿

道具：武凳三条（三联凳）。

武士跟头出场，亮相后，引狮出场，盘球后走过场。

武士鱼跃或前手翻过凳，狮子跟着前脚过凳。

武士虚晃一球背球身后，狮子找不到球前脚仍退回凳后。

武士拿手出球，仍斗狮过凳。狮子前脚越过落地后，后脚也蹿过凳面。这时武士看狮子过来了，持球转场走，然后越过凳面，狮子得不到球真急了，随着也想蹿过去。但因凳子太高没跳过去，急得啃凳面，然后又退到后边远处准备第二次猛蹿。

狮子摇头摆尾后作了下蹲姿势，然后猛蹿过凳。狮子过去以后，武士将球交给狮子叼着入场。

（说明：1. 狮子第一次前腿过凳叫“半蹿”；第二次前腿先过，后腿再过叫“单蹿”；第三次前后腿一齐过叫“双蹿”。2. 如果过不去啃凳面时，要抖动全身毛，显示急躁的情绪和威武之势。）

（四）第四场：凳上造型

道具：五联长凳。

武士领狮出场，通过咬球、盘球、跳起动作后，走过场，然后把球放在台中间入场。

狮子看到球在地上打转，前卧后退，两腿趴地伸直，然后又把球用嘴衔起，摇头摆尾转场一周，将头一甩不小心把球抛出，由武士抢去回场。

狮子找不到球东张西望，看见旁边放着几条凳子很高兴，就摇头摆尾地走过去，但退了回来。因对它发生了兴趣又舍不得离开，就摇晃着头由凳子底下钻了过去。回身后，由正面上凳，当狮头蹿上凳面时狮尾蹲在下面，作全身抖毛姿势。然后狮尾由旁边凳角上凳，狮头由凳面跳往后面二层凳面。狮尾也由凳面跳至凳角，再跳往下层凳面。

狮头由下层凳面蹿往上层凳面，再跳到正面下层凳上，狮尾、屁股斜在凳面，两腿朝外伸平抖动，狮头下探摇头抖毛。

狮子跳下绕至后面上凳，再下到正面下层凳上蹲下，摇头、点头，这时狮尾在上层凳面中间两手抓住狮头腰带头往下探，肚皮接触凳面，两腿右上伸直往下滑动。

下凳后狮头再上二层凳角，狮尾头钻进狮头腿裆里，作狮子站行姿势绕场一周回场。

动作重点：衔球、甩球、凳上抖毛、凳上半卧姿、倒立。

（五）第五场：桌旋场 2

道具：方桌一张。

武士引狮出场，狮子经过咬毛、咬球、盘球后走至桌前，然后跟着武士从桌子这边上去，从桌子那边下去（直上直下），在桌上做个弹耳根动作，然后武士走四角桌旋。随后，狮子后腿着地，前腿跳四角，跳完以后，武士引狮转一周，再走桌旋，狮子也随后紧跟。到桌角跟前时，狮头卷头下蹲，狮尾后腿伸直上甩做个旋转动作，这样连续做四个。武士择机把球对准狮嘴掷去，狮子叼球摇头摆尾地走入场内。

（说明：1. 全场动作迅速、紧张、活泼、威武。2. 扮狮子的演员最好选弹跳力好的，特别是狮尾演员。3. 武士上桌、下桌，最后运用跟头更好。上桌可做头手翻，下桌可做右空翻，入场时可做后手翻。）

（六）第六场：地场咬毛场（双狮斗）

双狮蹲门式（上场、下场门各一个）。武士跟头出场亮式后，接球，引狮出场。

双狮出场各分左右绕场一周，然后到场中间对面相持。武士在中央做盘扫腿动作，双狮观看得意。突然武士抛球空中，双狮作跳起或抢举动作。

武士把球放在中间而去（可做后手翻回场）。双狮见球在地上不动，心中十分高兴，急忙向前抢球，但又怕中了埋伏，结果又退了回来。经过两次前冲后退，双狮终于放大了胆子把球叼起来。当雄狮将球叼起来后，雌狮前爪又夺了回来打在地上，自己趴下玩起球来。雄狮见球被抢去，心里十分着急，费了很大力气仍将球用嘴夺了回来，但因夺时用力过猛，一下子把球抛至天空（出场门外），球被武士抢了回来。双狮各处寻找没有下落，结果互相咬起毛来。

（说明：1.雄狮咬雌狮脖颈处，然后对咬。2.雄狮啃雌狮尾巴根，雌狮后腿踢起。3.雄狮后退回原处（垫上），前腿跪下，后腿翘起，摇头摆尾。4.雌狮咬前腿毛，然后趴在地上瞧一眼雄狮，回头啃后蹄。5.雄狮弹耳根。6.雌狮咬后腿裆，因咬不着满地乱转。7.雄狮吓得急忙站立起来，表示惊慌的样子。8.雌狮稳定一下心情，趴在地上喘气。9.雄狮伸懒腰，然后抖一下全身的毛。）

武士突然出现在场中心，吓得两狮各打一个滚儿，起来后追上去抢球。武士将球高举空中，两狮下蹲后（狮头骑在狮尾脖子上）抢举走过场后回场。

（七）第七场：梅花桩

道具：五条腿梅花桩一个，方桌一张。

武士引狮出场经过咬球、盘球，走过场转场一周。

武士抢步上桌做弓步亮相动作。狮子跟至桌前啃桌沿，然后往后退步，再抢步上桌。当狮子后退时，武士在桌上由弓步亮相改为插五花金鸡独立，举球过顶。狮子上桌以后，武士已经上到墙面上引导狮子上墙。当狮子前腿刚一上桩的时候，武士大吼一声，吓得狮子又退了回来，前腿落在狮尾的腿上形成望远姿势。武士这时空翻下桩回场，狮子看见武士下桩赶快追了上去，这个动作是由前桩跳到后桩，转桩两圈，再单腿提膝转桩一圈。上桩后盖步转桩两周，再单腿提膝转桩一击，想往下跳，又因害怕停了下来，稍休息一下（狮头屁股坐在左桩角上，右腿放在右前方桩腿，左脚放在桩前腿），狮尾下蹲桩板上。

当武士又将另一双狮子引出场时，桩上雄狮忽地站了起来，跳下桩打滚儿起来。这时双狮扑球，武士由双狮身下钻过去回场，狮子也跟进场内。

（八）第八场：抢举场

道具：长条桌一张。

武士跟头出场亮相后回头领狮出场，狮子呈现咬毛、啃毛、啃球、抓泥等动作。抓泥是因为狮子咬球扑空，领狮把球藏在背后，狮子看不见球急得抓泥。当领狮又把球领出来后，狮子向上扑球，这时领狮低头哈腰由狮子身底钻过去后，狮子扑空又追了回来。武士把球移到右侧时，狮子又抢举追到右侧。武士把球抽回高举过顶，狮子抢举追球。武士举球放在场中央，后手翻回场，狮子向前扑球但又害怕，最后仍鼓起勇气把球叼在嘴里，又放在地上玩了起来，正玩得高兴，突然武士从空中下来（空翻动作）把球抢走，狮子后边猛追，经过走S形入场。

（说明：如果用长条桌时可在狮子追球时由桌上过，然后狮尾在桌上，狮头与武士来回周旋。武士可走空跃，狮头走上下跳跃追球，当找不到球时可以在桌上转圈一周。）

（九）第九场：滚球（双狮）

武士跟头出场，亮相后过场引狮，同时狮子一听到文场声立刻咬毛啃尾。当武士下引后，经过咬球、盘球、追球，转场一周又回到出场门。经过左右跳球，三扑球到场中心。武士把球放在中央，跟头回场。狮子看见球在地上，前扑后缩，摇头摆尾，心疑不定，最后鼓起勇气上前抓球。玩了几下觉得很得意的样子，结果又用嘴叼了起来。这时另一只狮子看见同伴得到了球，也大踏步地扑了上来抢球，双方抢得难解难分（双方都用脚踩）。这时武士突然趴虎儿式出场，用了个怪蟒入洞式把球蹬开而解围。

双狮找不到球互相看了看、嗅了嗅就咬起毛来，表现出啃脖子到尾根、啃蹄等动作，双狮玩得倒也融洽。这时武士双手持双球跟头出场到中心打起滚儿来，双狮看见忙跑过来追球，满场乱跑乱跳，前扑后缩，气氛十分热烈。武士打挺起来领狮入场。文场打草斗和行钹。

（十）第十场：蹿越（双狮）

武士各领一狮由两头对面出场，走S形转过头以后，双狮各跳球一次，武士由狮子身下钻过去，然后走剩下的半个S形，再转过头后，武士放弃个人所领的狮子，即甲蹿乙狮（鱼跃），乙蹿甲狮。注意当武士身体跃起的时候，狮子赶快往前走一下，身躯也要放低一些，这样可以降低武士的蹿越高度。蹿越完毕，同时也就交换了所领的狮子。武士引狮再走S形过场。这时甲狮横在场中间不动，武士乙和乙狮蹿越，然后换过来，乙狮横站中间再由武士甲和甲狮蹿越（武士蹿越可做鱼跃滚翻，也可做空翻动作）。当蹿越完毕后，武士甲、乙各引导甲、乙双狮走夹篱笆，共转三圈结束。

本场为地功场，用不着道具，最好能放两块垫子。在做动作时套路要熟练、紧张，速度越快越好，一定要突出蹿越功夫。

二、演出

（一）1964 年春节狮舞演员（1963 年春节后开始建队）

领狮：罗小华；

狮头：田俊，狮尾兼领狮：闫玉明；

狮头兼领狮：郝殿杰，狮尾：陈俊和；

狮头：常守龙，狮尾：陈俊和、闫广义。

正月初一在本村慰问军属演出，正月初二在水屯演出两场。

（二）1965 年春节狮舞演员

狮头兼领狮：董文寿；

狮头：田俊，狮尾兼领狮：闫玉明；

狮头：郝殿杰，狮尾：陈俊杰；

狮头：郝殿洪，狮尾：陈俊和；

狮头：常守龙，狮尾：闫广义。

慰问军属演出：计划正月初一在前街演出 15 场，因天晚停演。正月初二在八角村演出两场，古城大楼剧场前一场，古城村后街又补演八场。

（三）1966 年春节狮舞新排练演员

领狮兼狮尾：郝殿洪，狮尾：郝洪明；

头、尾双兼：郝殿宽，头、尾双兼：郝玉芳；

狮头：郝玉佩，头、尾双兼：郝殿钧；

狮头：李文钰、郝玉龙。

这一年春节因“四清”工作组干预，未能演出。

（四）1977 年春节狮舞演员

教练：梁云龙、郝殿洪；

领狮：董文寿、郝德平；

狮头：田俊（双蹿场），狮尾：闫玉明（双蹿场）；

狮头：田俊（方桌场），狮尾：陈俊杰（方桌场）；

狮头：郝殿俊（三联凳），狮尾：陈俊和（三联凳）；

狮头：郝德亮（小四，地功场），狮尾：郝殿明（小立子，地功场）。

郝殿杰因身体欠佳暂没上场。地功场由方桌场狮子配合演出。

1977 年春节共演出三场。正月初一在石景山区委楼以西一队场院向区委干部汇报演出，为家属祝贺春节。正月初二在菜市场以南大队以北，为古城地区工人、社员演出祝贺春节。正月初三在古城西头五队场院，为老古城社员演出，祝贺春节。

演出节目单如下：

（1）狮舞：由狮舞全体演员参加演出。

（2）石锁：由原石锁演出队老演员演出。

（3）爬杆：由原爬杆组老演员演出。

（4）武术：由张国栋、李玉成、郝玉起、梁会来等演出，领队是马振瀛。

（5）舞蹈：舞蹈由古城第四生产队女社员梁惠春等六人演出，另有伴唱两人。

狮舞出场主要队员：

领队：马殿山，副领队：安文秀；

指挥：王德奎，副指挥：常守华；

主要演员：郝殿余、罗小明。

（五）1977 年 5 月 1 日庆祝“五一”演出

在苹果园夜光球场演出。

游行狮：田俊、闫玉明、郝德明、郝德忠；

地功狮：郝殿君、闫洪明；

领狮：董文寿、郝殿洪；

方桌场：常洪生、郝殿明；

领狮：郝德亮；

三联凳：郝德俊、陈俊和；

领狮：郝德平；

伴奏：王德奎、常守华、安文秀、马殿山、郝殿余、安洪喜、王志国。

（六）1982 年闹元宵狮舞慰问居民演出

正月十四日（2 月 7 日）在古城大队—古城二中—大院—八角中学—衙门口—永乐区演出。

领队：梁云龙；

教练：郝德洪；

领狮：郝德平、郝德亮；

狮头 1：郝洪志，狮尾：李宝贵（三联凳）；

狮头 2：闫玉亮，狮尾：郝殿明（方桌）；

狮头 3：郝殿俊，狮尾：郝殿明（三联凳）；

狮头 4：郝殿君，狮尾：郝玉芳（方桌）；

生活干事：闫洪明，道具：梁会来、郝德才、郝殿亮、常守亮。

（七）1983 年 1 月 16 日演出

去房山大车油厂辅导演出，参加人员有梁云龙、郝殿洪、郝殿明、郝德平、郝德亮、郝殿君、闫洪明、郝洪志、郝玉芳。

（八）1983 年 2 月 6 日慰问军区演出（春节前一周）

全区演出项目：龙灯、狮舞、太平歌、石锁、跑驴、旱船、小车、腰鼓、太平鼓，共 200 多人参加。

狮舞演出有单刀狮、地功狮、方桌场、长凳场四场。

领队：郝殿明；

指挥：梁云龙；

领狮：郝殿洪、郝德平、郝德亮；

狮子：郝殿君、闫洪明、郝殿宽、郝洪志、郝德才、常守亮、刘小平、郝德志；

预备狮：郝德明、郝德忠、郝德俊、尚长旺。

（九）1983 年春节演出

正月初一在古城大街、老古城全村，共演出 15 场；正月初二在衙门口、鲁谷、永乐区、水屯，共演出 7 场。

领队：梁云龙；

领狮：郝殿洪、郝德平、郝德亮；

狮子：郝殿君、闫洪明、郝殿宽、郝德财、常守亮；

预备狮：常洪生；

道具：郝玉柱、安洪喜；

文场：王德奎、郝殿余、常守华、田玉川、闫殿才、安文兴、郝德茂、郝殿海、郝德海、曹洪龙、郝玉祥、郝玉龙、郝玉奎、刘小平、郝殿宝、郝殿龙、郝玉波。

（十）1983 年灯节晚会演出

正月十五日（2 月 27 日）晚 19~21 时在古城东路（公园路）演出。

指挥：梁云龙；

武场领狮：郝殿洪、郝德平、郝德亮；

单刀狮：闫洪明、郝殿君、郝殿宽、郝洪志；

巡功狮：常守亮、郝德才、尚长旺、刘小平；

预备队：常洪生、郝德俊、郝德志、郝德忠、郝殿明、郝德明。

（十一）1984 年春节全村文艺活动

正月初一在新古城大街，正月初二在本村。

指挥：梁云龙；

领狮：郝德平、郝德亮；

狮子：郝殿宽、郝殿明、郝德明、郝德财、郝德俊、郝德忠、郝德志、刘小平、尚长旺、常守亮。

1984 年正月十五，灯节录像参加人员有郝德平、郝德亮、郝德财、郝德明、郝德忠、郝德俊、郝德起、郝殿宽、郝殿明、刘小平、常守亮、尚长龙。

第十二节

腰鼓

◎ 1956 年 2 月 26 日腰鼓队队员合影，安秀珍（前排左 1）、马殿山（后排右 2）、安文兴（后排右 3）◎

古城村腰鼓队留下的最早的照片是 1956 年的一张演出后合影，如今照片中健在的老人有安洪喜的父亲安文兴和姑姑安秀珍，其中近 80 岁的马殿山，冒着酷暑从几里外赶来老古城后街社区居委会介绍当时的情况。

◎ 2004 年 12 月 18 日，马殿山指挥腰鼓队表演 ◎

第四章

秉心圣会玩角儿访谈录

第一节　马振才
第二节　张国栋
第三节　梁会来
第四节　代表性传承人
第五节　太平歌玩角儿
第六节　石锁玩角儿
第七节　钱粮筐玩角儿
第八节　太平鼓玩角儿
第九节　狮舞玩角儿
第十节　其他人员

第一节

马振才

采访对象：马振才，男，46岁，原老古城前街23号。石景山区人大代表、老古城后街社区居委会主任、秉心圣会会长

采访者：杨金凤

采访时间：2013年7月29日

采访地点：老古城后街社区居委会

马振才从小耳濡目染和参与最多的娱乐就是古城村的花会活动了，不仅娱乐，也健身，同时跟小伙伴儿们沟通了感情。那时，他只是其中的一分子而已。2000年，他32岁的时候，走上古城村后街社区居委会主任的岗位，在一些玩角儿们的鼎力帮助下，2004年恢复起了古城村古老的花会。

现时期，古城村秉心圣会这种管理方式有很多益处，传统意义上的会头身份变了。马振才身为人大代表，能够及时把玩角儿们的意见反映上去；作为居委会主任，便于把花会和社区文化结合起来，有利于花会的传承和发展；当会长，便于按照花会的民俗习惯与玩角儿们沟通和组织活动。

古城村有句老话儿，叫“宁带千军，不带一会”，说的是带会难处诸多。但马振才带着那些痴迷祖辈们留下的玩意儿的古城村人，硬是把会恢复起来，也带起来了。他执着13年，在其任职期间，促成了古城村400多年的古老花会成功列入北京市级非物质文化遗产保护名录，组织了许多花会活动，使之薪火相传。

杨：新中国成立后，听说你们有过三次复会？

马：第一次是20世纪60年代初期，听老人讲60年代初期，古城村各档花会恢复得非常好，当时有秉心会、石锁会、太平歌会、狮舞会、

◎ 1963 年石锁玩角儿李德山（小李宝）上脑桩表演（石景山区档案馆提供）◎

◎ 1963 年太平歌会参加区组织花会大拜年活动（石景山区档案馆提供）◎

◎ 1984 年春节太平歌会踩街于老古城前街粮店门前 ◎

◎ 1984 年太平歌会参加区慰问活动 ◎

太平鼓等，在石景山区各个村落当中非常有名气。花会活动到 1967 年中断。1977 年，一些会在村里又有了活动。

第二次是 1982 年，沉寂多年后秉心圣会再次复苏，但“花十档”已不全。所剩太平歌会、石锁会，以及未列入“花十档”的太平鼓、摔跤、技巧（包括爬杆、叠罗汉）、狮舞、龙舞、腰鼓、少林武术等先后与观众见面。当时主要是古城大队出资、组织活动，由张国栋和傅玉英担任会头的角色，主要是参加区文化馆组织的“花会大拜年”文化活动，以及应邀参加市区花会活动，并在附近几个村落春节献档表演。

第三次是 2004 年 12 月 8 日复会。从 1994 年开始，花会活动就停了，我说的停是指没有组织全村的妙峰山上香和踩街活动，实际上村民们三三两两地还都练着呢。有的在村里，有的在公园等地方。

杨：这期间有玩角儿找您谈恢复活动的事儿吗？

马：是个偶然的契机。2003 年 11 月，我当选为石景山区第十三届人大代表，听村里老人反映有这要求，我就开始收集材料。2004 年的 6 月中旬，北京电视台来人，说要做节目，那个栏目叫《金色时光》，是北京 7 频道。他说：“听说你们古城村有花会，还能组织起来吗？我们想做一台节目。”我一听，好事儿啊！正好契合了去年恢复花会的一些想法，我就连忙打电话，找上了李文芝、李德水、常守智、闫广胜四个人来居委会商量，当时还有王桂芳，她是老主任。

◎ 2004 年 7 月 3 日北京电视台在如意小区录制节目 ◎

杨：村里那么多玩角儿，为什么约他们几个？

马：常守智是石锁会的，李文芝、李德水、闫广胜是太平歌会的，王桂芳是太平鼓的。他们几个一听花会又能拉出去展示了，个个都挺兴奋的。经过一番动员和准备，提前让大伙儿练了练。7月3日，在如意小区，北京电视台来录制了石锁、太平鼓和太平歌。这次录制节目，又挑起了全村人心里从来没熄灭过的那股小火苗。有些老玩角儿就找我："马子，三档花会可不行，那可没显示出咱古城村的全部玩意儿。"我一听，是啊，还有钱粮筐、狮舞、龙舞、少林武术等。虽然居委会工作繁杂，但我每天都抽上一点儿时间去村里走访一些老玩角儿们。那阵子我像着了迷一样，一门心思地想把花会尽快弄起来。

摸底是第一步，从太平歌会、石锁会这些有影响的会开始，找核心人物。有老人提醒我："马子啊，你得琢磨好，这会一弄起来，吃、喝、拉、撒不说，安全最要命，摔着碰着的，以前咱们村可是有教训的。"不但有担心的，也有泄劲儿的，说："就是组织起来，也超不过四年去，准散伙，这话我给你说前头。"听了这话，心里其实挺受打击的。我做事儿有点儿一根筋，开弓没有回头箭，顶着压力也得干。

杨：您干吗这么上心这事儿？

马：我小时候就喜欢村里的这些老玩意儿，练过高跷。我好写日记，从1985年开始的，其中有一篇日记是这么写的：我去参加村里踩街的，成了龙舞的玩角儿。记得七几年的时候，看玩角儿们练爬杆，特别羡慕他们，1982年也跟大伙儿一块儿练过踩高跷，摔得浑身疼，那也上瘾。

杨：想促成花会恢复的人多吗？

马：可不少人呢。像老玩角儿们，有太平歌会的李德水、李文芝；石锁会的常守智，文场李文仁，武场郝德义；中军的田忠等一部分人；年轻点儿的人有太平歌会扮演公子的闫广胜、田洪彦，石锁武场常守明、文场李文钰，钱粮筐的郝玉来；还有郝殿宽、郝玉春等人。

从2004年7月3日北京电视台录制完节目，到12月复会，这期间，我召开了多次复会的研讨会，其中有三次会议参加的人数多，人员包括花会的老玩角儿，还邀请了一部分村里人和顾问，记得有农工商公司的总经理张国栋，他亲自到会，一起商谈资金的事。后来秉心圣会的活动得到了古城农工商公司的鼎力支持，复会时候农工商出了大概五万块钱，添置了服装、道具、化妆用品等，包括购置了新"花十档"的所有服装、道具。

杨：这次复会搞仪式了吗？

马：搞了，还特别正规呢，专门弄了个复会小册子，我还写了一副对联。

◎ 少林武术队与理事会人员合影 ◎

◎ 狮舞队合影 ◎

2004 年 12 月 18 日，整个古城村的人喜气洋洋地聚集起来。我们请了当时的区领导，付生柱时任区政府副区长，吴克瑞时任区委办主任，还有区委宣传部副部长胡冀民和区文联主席尹大江、区文化委员会主任刘燕等。这些领导一看都挺兴奋的，说古城村人行啊，藏龙卧虎。那天是张国栋致辞，然后各个会档 200 多人逐档上去表演。

杨：什么时候恢复踩街的？效果怎么样？

马：复会仪式以后没过多长时间，2005 年正月初二，就恢复了踩街，全村人心气儿可高了。

走会当天效果不错，就是大年三十晚上出了点儿娄子。当时居委会在北胡同，晚上我们练习完舞龙，都挺累的，加上大伙儿都急着赶回家吃团圆饭，大伙儿把耍完的龙撂在居委会北边的库房地上了。那库房四周是栏杆，不是全封闭的，紧挨着马路边。晚上 12 点之前村民放炮仗，把龙给燃着了，那龙是绸子布的啊，一着就烧去了半条。社区人员巡逻时发现的，我跑去一看，就急了，正月初二踩街，就正月初一一天工夫啊。我连夜给珠市口做道具的打电话，求他们帮忙赶制一条出来。人家说，大年三十晚上的，早都放假了。最终经过协调，正月初一下午门市送来一条新龙，解了燃眉之急。打那以后，耍完龙不管多累、多忙，我都想着让大伙儿把龙搁屋里头。

复会后第一次踩街，表演的会档有中军、四执、钱粮筐会、石锁会、太平歌会、狮舞队、少林武术队、腰鼓队、太平鼓队、新秧歌队、龙舞队。早晨6点高跷化妆近两个小时，上午8点30分在小学校操场大松树前出会，路线是走前街、西街、西二区、西一区、西井街、后街、东井街、北后道、北胡同、如意小区，逢茶桌必献档，共有40多个茶桌。中间休息一个小时，在老年活动站和前街居委会用简单午饭，然后一直持续到下午4点之后结束。

杨：古城村人对花会有特殊的感情，申报项目的时候，不少人提供了资料。

马：当时老玩角儿们一听说老祖宗的东西政府重视了，还能保护起来，都挺上心。您在村里待了几个月，和我们一起收集材料、写论证报告和电视片解说稿，都已经看见了。当时光影像资料就送来好多盘，都是走会的，还有各种老照片。

◎ 2006年5月5日第十四届妙峰山庙会走会 ◎

为了拍申报片，唱太平歌的常守智、马振瀛、李文芝、李德水、田连荣、田友泉等一次次地唱。开座谈会的时候，闫广胜等人随叫随到。田洪彦为筹划撰写论证报告下了很大功夫。当时还有马如新、杨国强、田金生、曹文萍等跟着一起忙。

我多年前就留意收集老照片和花会资料，所以申报的时候一下子就拿出来不少。如果当时临时收集，不但耽误申报进度，或许还会影响质量。为了拍申报片，我跟着电视台上妙峰山、石景山，在村里转，寻找史料，协调各方面工作。

杨：申报的老唱本、老石锁、老筛，都起了关键性作用。

马：搜集实物其实挺费劲劳神的。就说石锁，当时听说曹德江家有一个，等去了一看，都碎成三瓣儿了。后来人家曹老爷子愣是给粘上了。石锁一面写着“公议石锁”；另一面写着“京西古城”。新中国成立前的老石锁，往那儿一摆，就是秉心圣会老会的证明。四面大筛也有故事，老人说有 200 多年了，“文革”时候藏炉坑里才得以保存下来。

杨：你们活动，都哪些部门给予支持了？

马：自 2004 年 12 月古城村秉心圣会复会之后，得到了区委区政府的重视，得到了古城农工商公司资金支持，得到了古城街道办事处鼎力扶助，以及石景山区文化委员会的资金支持及关心指导。

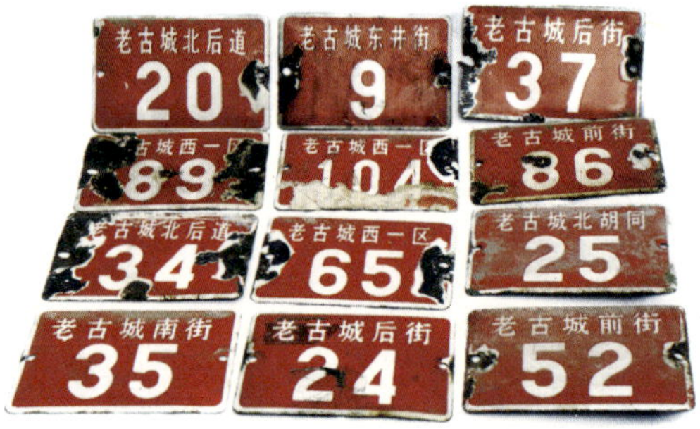

◎ 2009 年 10 月，古城村拆迁后收集的老门牌（陈尚彬摄）◎

◎ 2011 年 6 月 10 日，在中国文化遗产日活动中展出的各会道具 ◎

杨：秉心圣会得到过哪些专家、学者的关注？

马：有贺学君老师。她是中国社会科学院文学研究所研究员，中山大学、中央民族大学民俗文化研究中心特约研究员，中国民俗学会副理事长，国际亚细亚民俗学会理事，国际民俗学会（Folklore Fellows）通讯会员。我们第一次认识贺老师是在 2005 年 3 月妙峰山协调会上。当年 5 月，我们参加妙峰山庙会，当天在妙峰山因为人多，玩角儿们忙于献档，没有时间排队领馒头，就返回古城村了。贺老师在现场看到了古城玩角儿们没有领馒头，她亲自排队领到之后，特意打车送到古城村，都晚上 6 点多了。当时有几位太平歌玩角儿正在卸妆，看到贺老师亲自送来的馒头，大家非常感动，更激起了对花会的热情，表示一定将花会在古城村传承下去。

◎ 刘锡诚（左）、贺学君（右）参加秉心圣会申报非遗项目专家论证会 ◎

还有中国农业大学社会学系的孙庆忠教授及他的学生苗大雷等人，他们为了研究秉心圣会，连春节都没回老家，跟着我们踩街和去妙峰山走会，搞田野调查。2005 年苗大雷撰写了《村落变迁与妙峰山香会浮沉——京西古城村秉心圣会研究与反思》。

秉心圣会也得到过很多专家的高度评价，比如民俗专家刘锡诚、刘魁立、周元等。还有陈树林，他说全国上千首太平歌词，古城村就占了 95 首，还能完整地保存至今。

杨：未来会的发展将是怎样？

马：从 2005 年到 2009 年每年正月初二，我们连续五年在村里踩街。2009 年 11 月 13 日，古城村就开始拆了，秉心圣会没搞大的活动。但对非物质文化遗产项目申报、传承人保护、中国文化遗产日活动等我们都参与了，一些工作也都积极地去做。

目前村民还没全部搬回到现代嘉园。本村村民能一块儿回迁，住到一起，张国栋作为市人大代表起了很大的作用，我也积极促成这事儿，为我们将来花会活动打下了基础。有了这个好的条件，我们将借助社区平台，加强与石景山区文化委员会、北京古城泰然投资管理公司、街道和非物质文化遗产各级相关保护部门及专家、学者的联系，把古城村几百年的老玩意儿保护下来，薪火相传。

在这方面我们做了很多工作，比如拆迁的时候，我们抢救性地收集了不少老物件和花会的老照片。居委会的几个人，一听说哪家要拆了，赶紧拿上工具跑去，寻找能收藏的、有价值的东西。特别是和花会相关的东西，我们还在搜集。等古城村民俗展室建好的时候，这些都是珍贵的精神财富。到时候在展室里头，请几位还能唱太平歌的老玩角儿们教年轻人唱，会后继有人的！

◎ 秉心圣会到妙峰山走会 ◎

杨：秉心圣会列入市级保护项目后，你们有过哪些大的活动？

马：秉心圣会申报期间和被列入市级名录后，各会档基本都恢复了。秉心圣会理事会积极工作，玩角儿们热情参与，我们参加了不少的交流展示活动。

2005 年 5 月 21 日到妙峰山走会，参加人员有：

1. 太平歌玩角儿

李文芝、李德水、闫广胜、郝玉春、梁云凤、郝松林、闫洪金、刘凤水、郝彦林、闫广庆、闫洪华、李殿刚、田有军、尚长龙、闫洪生、郝德云、郝殿春、郝殿亮。

服务人员有闫玉顺、郝和平。

2. 化妆人员

张丽荣、常玉桂、潘志新、王桂芳、于淑清、王永昌、乔守梅。

3. 石锁文场玩角儿

常守智、李文钰、尹生利、郝殿新、郝永魁、常守柱、郝殿亮、郝玉奎、郝玉波、常玉福、马景良、曹德江、尹生旺、尹福海、杨德洪、李文元、郝玉山、郝洪顺、杨德亮。

4. 石锁武场玩角儿

郝德义、常守明、常玉增、安洪均、闫全喜、董景生。

5. 钱粮筐玩角儿

常守先、郝玉来、杨德芳、潘洪清、田洪奎、潘洪瑞、郝玉亮、郝玉龙、杨福来、田凤贵、郝德宽、曹宝华。

6. 狮舞玩角儿

安洪喜、常守华、闫洪明、郝殿秀、郝玉泽、朴洪才、郝殿明、李文龙、郝殿余、崔宝昌、闫玉明、郝德亮、尚长旺、安洪良、郝殿臣、闫洪营、董笑鹏、李圣增、李殿才、郝德明、郝殿福、郝殿水、孟凡友。

7. 管理服务人员

田忠、董文源、马如新、郝玉春、马景忠、郝玉山、郝玉杰、邢贵祥、李世亮、马振才（理事会）、董文岭、田金生（录像）、田洪彦、郝殿诏、杨国强、曹文平、邢玉兰、杨维琦（照相）。

8. 其他玩角儿

廉仲利、田玉川、郝殿佩、陈俊杰、王立海、郝玉生、郝洪亮、董长江、刘志刚、潘建中、闫洪春（2）、闫洪旗、田宇、冯玉桂、王新芬。

2005 年 11 月 10 日，参加石景山区奥运倒计时活动。

2006 年 1 月 30 日，踩街。古城村秉心圣会被评为市级项目后，第一次在村里踩街，全村人热情很高，北京市非物质文化遗产中心石振怀等领导和石景山区文化委员会的领导参加了活动。

2006 年 2 月 2 日，正月初六，在我区的博古艺苑，参加区里的春节文化活动。

2006 年 2 月 5 日，正月初九，应邀参加顺义区举办的第二届张镇“莲花杯”北京民间花会大赛。早晨 7 点发车，将近两个小时到达顺义。因为是在雪地表演，非常担心太平鼓六七十岁老人们的安全，石锁会文场、武场人员都是轻装上阵，献档后及时穿好保温服装。大家乐在其中，没有怨言。

2006 年 5 月 5 日妙峰山走会。现在去一趟妙峰山费用得一万多，租中巴车十几辆，还要买些食品、药品。走会前工作得做细致，例如给车编号，谁上哪辆车，表演的道具谁负责，还要租放道具的大车，要不钱粮笸放不下。还有跟着去的家属 100 多人，有时候 200 多人。安排好人负责安全问题，工作量挺大。

2006 年 5 月 27 日在朝阳区高碑店端午民俗节开幕式上演出。

◎ 2006 年 5 月 27 日在朝阳区高碑店表演 ◎

2006 年 6 月 10 日，参加中国文化遗产日表演。

2006 年 9 月，参加中国非物质文化遗产全国巡回展，在北京站区展览现场表演。

第二节

张国栋

采访对象：张国栋，男，60岁，原老古城前街91号。连任四届北京市人大代表，北京市劳模，区人大代表、党代表，区武术协会连续两届主席，北京古城泰然投资管理公司董事长、党总支书记

采访者：杨金凤

采访时间：2013年8月7日

采访地点：张国栋办公室

在场人员：梁会来

杨：您从小就知道村里的花会吗？跟着练过吗？

张：是啊，从小就知道，我爷爷张义和我爸爸张玉峰都曾参加过花会的活动，耳濡目染。我五六岁的时候，我爷爷就让我练功，那时候练功比较简单，先练腰腿儿吧，包括我俩姐姐，还有一兄弟。我老兄弟出生得比较晚，等我老兄弟出生了，我爷爷也让他跟着练，等于我们家姐儿俩、哥儿仨，五个孩子都在我爷爷的指导下习武，先从基本功开始。

我爷爷年轻时喜爱摔跤，后来又和梁公庵金老师学的杨氏太极88式。我们在爷爷的指导下，练基本功到一定程度，就开始学练太极拳。我们家这哥儿几个姐儿几个，在爷爷的监督下都练会了太极拳，后来的太极刀和太极散手，是跟北海的蒋老师学的，他是我爷爷的一个朋友。

我记着大概是在小学二年级或三年级的时候，那阵应该是1963年或1964年，当时古城每年春节都要走会。

我们平时练的时候，记得是在石锁会，在村东头董家大院里。我小时候就上那儿去，因为我家也住村东头。我经常看刘文明爬杆。他们都十八九、二十多岁，折跟头，练基本功，空翻，还有耍石锁的。在我的印象里，他们练爬杆，还有人叠罗汉。我老去看，回家以后就不好好学

◎ 张国栋的爷爷张义，1947 年照 ◎

习，着迷了。我爷爷发现了，就说我："你如果要喜欢这个，你就应该好好下功夫练。"我跟爷爷说："我还是喜欢武术。"我爷爷说："要学武术？那好，我带你去找我的老朋友。"我那时候小学三年级，10 岁，我爷爷领着我就去了原宣武区骡马市果子巷。我师爷任正芳，少林八法门掌门人，师傅任启文是我师爷的儿子。师爷就让我拜他的儿子任启文为师。我

◎ 张国栋表演双刀 ◎

从那儿开始学少林八法，一直到现在。我小啊，去学武时不认识道儿，我爷爷就让我坐现在的 337 路，那时候叫 37 路公交车，我爷爷自己每次都骑车，就这么送我，送几次后，我就自己去了。

我等于是小时候练基本功学的太极，到小学三年级的时候学的是少

林八法。我的师傅对我恩重如山，言传身教，武德为先，一直到现在，我仍然是少林八法门的人。到 20 多岁，村里有摔跤的，我跟大伙儿一块儿玩了几年摔跤。说起来，我学武术还是受到古城村花会练武的影响。

杨：当时村里都有哪些花会？

张：应该说，我认识花会是从我上小学二、三年级的时候，古城村花会每年春节踩街开始知道的。那时一到春节花会就有踩街表演，我们这些个孩子就在后头追着看，看着就很羡慕。那时候花会里是一帮正当年的人，表演很威风。

我由于习武，认识了梁云龙老师，梁老师跟我爷爷、我父亲的关系都很好，经常上我们家去。在我练的时候，梁老师看见了，说这小孩练得不错，后来梁老师还把双刀的部分动作以及九节鞭的练法传给了我。于是，我就把这些结合起来了。现在双刀里边的刀花儿，就有九节鞭的鞭花儿，都是梁老师那时候教我的。我现在还会刀里加鞭，也是梁老师跟我说的。现在没看见有人练刀里加鞭，刀里加鞭的花儿我还能练下来。

梁老师家的院子不大，当时狮舞会的人员都在他们家练功。梁老师是狮舞会的掌门人，参加狮舞会的演员有严格的条件，基本功都特别好。舞狮，你必须得练武，你不会武术、不会基本功就耍不好狮子。原来舞狮都能从两条板凳上蹿过去，前边一人，后边一人，后边人一提溜前边的人，前边的人往上一撩，后边的人往上一冲，"唰"地就过去，甚至那时候从八仙桌子上探下来，狮子用嘴到地上叼花。我经常去梁老师家看他们练功，那些人很刻苦。狮舞会是先练腰腿。那时候不是用狮子道具练，而是拿一个笸箩，系一个腰带，就那么练。等到上阵演出才穿演出服、用道具。那时候都自己掏钱。当时他们花会的资金都是用业余时间筛沙子挣的钱当经费，说明这些人对花会的兴趣。梁老师在北辛安当过教师，后来在古城中学，所以他教这些徒弟是有章有法的，编出课程来教，很科学。当时狮舞会在古城街的花会里是相当有名气的，表演起来那叫一个漂亮。

太平歌玩角儿蹦八仙桌子、蹦板凳、劈叉。古城村的跷是高跷，不是短跷，一米多。这些人的表演和唱腔都非常好，现在没几个人能唱下来了。耍石锁本身是一种硬功，它要的是力，得把石锁抛起来，耍各种花儿，得手疾眼快。还有一个是小车会，耍得不错，逗哏儿逗得好，演《回娘家》，可好了。在我的印象中，太平鼓全是老头、老太太，老太太多，都是五六十岁的年纪。小脚老太太还多，冯家老太太打太平鼓漂亮，走那夹篱笆、黄瓜架什么的，好多呢，我不太叫得上名字。钱粮笸是只要你有力气、脚底下稳，就能玩，不要太深的功夫。但是那笸要一颤起来，人站不住，一掰一跟头啊，也挺吃劲儿的。

以上说的是古城村的重点花会，是我印象里比较深的几档。

杨：花会都参加过哪些活动？

张：花会也参加了很多活动，1989 年国庆节大庆，北京市把古城花会安排在陶然亭的整个西湖岸上，由我们村的农工商公司承担，我和傅玉英当时是花会复会以后的负责人。

花会在“文革”前很红火，“文革”时停了些年，“文革”后开始恢复，但没恢复那么全。1984年成立的农工商公司，1985年开始组织活动，连续组织了几年。由公司出资，但当时的会头不好选，我和书记傅玉英，我们俩人带了两三年吧。

春节表演，我们上衙门口村、八角村、北辛安等村子，那时候是串村表演。当时文化馆的王玉娟联系我们花会踩街，从古城公园那条街走到古城大街，就是现在的物美这条街。当时古城村的花会把整个古城一条街都占上了，那真是热闹极了。

那时候，正月十五还出花灯，大伙儿做了花灯到古城大街上去摆。八几年也挺兴盛的，村里手巧的做灯，那时候一条街上放满了花灯。

还有舞龙，是由农工商公司的一个副总刘文明和张国良、董文寿组织的。舞龙是跟别人学的，有人来村里教，找了一帮年轻人学。80 年代，一次，新疆一个歌舞团来北京做节目，听说古城村有舞龙，找上门来了，让咱们帮个场，古城村的龙和狮子就到电视台给人家做开场去了。

上边我说的那些活动，基本是在 1984 年成立农工商公司以后到 1989 年这一段时间，由农工商公司管理的时期。1990 年后，花会逐渐恢复起来，公司就不再参与管理了，但我们一直在资金上支持古城村花会的各项活动。

古城花会真的是红火过，建国 40 年大庆演过，各村走过，区里展示过，北京电视台也上过，后来还上过中央电视台《舞蹈大世界》。

杨：您自己也登台演出吗?

张：演过几次。有一次，我和梁会来在苹果园灯光球场表演过武术，是代表古城花会的少林武术会去的，当时狮舞会和石锁会也去了，但是去的人不多，没全部去。我们俩表演的是单刀进枪。

1985 年到 1989 年，我曾经在花会的少林武术会里头表演过双刀、九节鞭和枪术等。

杨：听说梁云龙老师给过您三本笔记?

张：梁老爷子病的时候是 1986 年，病了 12 年。他于 1998 年 4 月 17 日过世，大概是 1998 年年初，在他病危之前给了我笔记。我跟花会有很深的感情，跟梁老师更是交往多年，感情很深。

每年春节我都和我爱人一起去看梁老师。1998年春节我和我爱人像往年一样去看他，那时候他每周都去输血，身体特别弱。他可能是感觉身体不行了。那天他看到我去，就说："国栋，你来了，我跟你说件事儿吧。我用了近20年的时间，把古城村的风土人情、花会传承、历史来源写了下来。我收集了很多材料，不光是本村的东西，为了考证一些东西，我还到其他省市去，包括山西等外省市，也走了北京周边的以及古城村周边的许多村落，搜集了这些。我写了这么三本笔记吧。怎么把咱古城村的历史、文化还有花会保护起来，我想来想去，最后决定把这些东西交给你。第一，你现在是农工商公司的经理；第二，你又喜好这个，你本身跟咱村的花会有不解之缘；第三呢，是咱爷儿俩这关系，我把这些交给你我放心。你把这些保存起来，将来有朝一日，写古城村村史的时候可以拿出来。"

当时我含着眼泪说："您放心，您的重托我记下了，我把这三本笔记放在咱村农工商公司的档案室，别人许看不许拿走。"我当时就向梁老师保证了，我一定要永久地把这原迹保存下来。梁老师把拿出来的布包给了我，我打开，翻了翻，一看这里边包括古城村各个文化方面的东西，

◎ 梁云龙整理的三本笔记 ◎

比如人物，包括人物的大名、小名（绰号）；风土人情；花会是怎么来的等。还有照片，是他们狮舞会的全体成员，上面都有梁老师写的字，比如“玩累了，趴下歇会儿”。

杨：能留下这些照片很珍贵，梁老师是很仔细的人吧？还有这些戳子号码是你们印上去的吗？

张：不，这些原来就有。

梁：其实他写的不仅仅这几本，那时候他整天走访村里人，写了很多草稿，这几本是最后定稿的。

张：你看这儿还有列表分析法，他太用心了。这是郝家门的姓，天、化、文、召、廷、国、德、殿、玉、洪，中间的十个字，是怎么排的。

杨：这些笔记有人用过吗？

张：笔记放在档案室以后，第一次面世拿出来是给原来的区委书记索连生看。有一次他来公司调研，问了我一句话：“国栋，老古城老古城，你说老古城到底是怎么回事儿？”当时我说：“我听老人说，老古城隋唐年间就有，往近了说，这老古城的花会四五百年了，太具体我也说不清。”索连生问：“那你们就没有考证过？”我说：“这下您问着了，我们村原来有个梁老先生，他留下了三本笔记，写的是古城村的历史。”索连生非常感兴趣，说：“借我看看。”我说：“借您看，您也得给我打条。您借多长时间？”索连生说：“三个月吧。”老书记还真的在三个月后把笔记还了回来。他说：“古城村是石景山这么老的村子，花会历史这么长，要好好研究研究，破解一下这个谜。”

笔记拿回来，我又放回档案室，后来编辑《老古城村风情》的时候用过其中的很多东西。这本书是我们农工商公司出资赞助的，也算我实现了梁老师的一个夙愿。

杨：说说你们家的事儿吧。

梁：对，您爷爷让您去送信那事儿。

张：我爷爷年轻时候喜爱摔跤。他在花会里是秉心会的，敲大筛，我父亲小时候捧过娘娘驾。我在少林武术会里玩过几年，一代人一代人都是自愿的。

1964年左右，我爷爷练杨式太极拳可谓是炉火纯青，他还爱到处切磋。有一天到了北海公园前边的琼岛，上边有好多看上去文化水平高的人在练太极拳，我爷爷兴趣也来了，就在一块空地上自己练起来。刚练了一半，边上练太极拳领头的人就过来了，到跟前儿一作揖，说：“老先生，您哪儿的人呢？”我爷爷说：“我京西古城村的。”那人又问：“您贵姓啊？”这么就聊起来了，那人又问：“您传承是哪儿来的呀？练的是什么呀？”我爷爷说：“我这是杨氏，88式，传承的老式拳法。”俩人越聊越近了，那人说：“咱们推推手吧？”这么一推手，那人就不让我爷爷走了，称赞我爷爷半天，从此就交了朋友。那人说他姓蒋，还说哪天到您家去拜访。谁知他们就真的来了呢。蒋老师约了文艺界、教育界的一帮朋友，开着大轿子车来了，好家伙，四五十人。当时通信没这么方便，人家突然来了，我爷爷还没在家，有人赶紧跑到地里叫我爷爷。我爷爷就是一赶车的农民啊，身上一身泥一身土的。我爷爷绕到别处，换了一身干净衣服才出来见客人。他们上了八大处的二处。这个带头的蒋老师是北京大学的教授。这老爷子交的朋友，相声界的、京剧界的，还有变魔术的。当时大家一边吃饭，一边有人“噌”地上到一个平台，还把我大姐叫上去，给我大姐一根绳儿，让我大姐把他捆上，说：“系扣，你使劲捆。”我大姐捆完后，人家轻轻一抖落，那绳子“哗啦”就开了，结果引来了好几百人围上来看，给拍巴掌。他们还唱京剧，“嘎嘎嘎”

人家就来一段，这是我记忆最深的，那年我 11 岁。那时候我爷爷天天让我们姐弟三人在家练太极拳。

杨：您大姐、二姐都叫什么名字？

张：大姐叫张秋兰，二姐叫张国丽。

那些人吃完了、表演完了，收拾东西，大家往上爬山，到六处，那儿有一个亭子。这个亭子我印象很深，后来我长大了，还去找过那个亭子。大家到了亭子以后，围着亭子栏杆坐，就开始各自表演太极拳。我和大姐、二姐各练了一套太极拳，大伙儿也都练，练完了以后就练推手，其中有一对夫妻，打的是太极散手套路，这太极散手套路到今天我没再看见过。最后蒋老师把一本书，就是《太极散手》给我爷爷了。我爷爷让我和我二姐就从这本书上学太极散手。我和我二姐对打，那套对打的拳相当漂亮，但是现在我们也忘得差不多了。记得那本书连封面都没有了，特旧。

打那儿起，我爷爷和蒋老师就结下了不解之缘。我爷爷跟蒋老师说，你把太极刀教教孩子。1963 年，我 10 岁的时候正在师傅那儿练着呢，师傅家在原宣武区。蒋老师说，你不是每周去学少林武术吗，练完后你就上北海的琼岛那儿找我去。我去了五次，就把那一套太极刀拿下来了，到今天，这太极刀我也没忘，照常练着呢。

杨：送信是给谁送的呢？

张：前边说的是我爷爷跟蒋老师怎么认识的，蒋老师当初带着来我们家的人里面不是有一个魔术师吗，魔术师书法好，他给爷爷写了一幅字。那阵儿没有电话，我爷爷给人家回了一封信，他让我把信给送到魔术师家去。那是 1965 年，我会骑车了，十二三岁，我爷爷就敢让我一个人骑车去东四十条。我把信终于送到了魔术师家，人家说："哎哟！你爷爷怎这么大礼数啊？"后来我才明白，那是我爷爷锻炼我呢，就是让我闯闯。

我父亲小的时候我爷爷就锻炼他，后来我父亲 1955 年去黑龙江了。我父亲中长跑好，他小时候是怎么练出来的呢？是我爷爷让我奶奶发牌儿，围着村子跑，跑一圈发一个牌儿。我爷爷还把我父亲的衣服夹在自行车的后架上，爷爷前面骑，父亲就在后边使劲追，到城里志成中学门口，我爷爷才把衣服给我爸爸。从古城村到志成学校，好几十里地呢。后来我父亲跟我说，有一次，学校体育比赛跑3000米，跑两圈下来，我父亲看后边的人落远着呢，就坐着等在那儿，然后再跑，结果还是第一名。后来他考上了北京体育学院，就是现在的北京体育大学。张文广曾教过我父亲武术。

杨：张文广是谁?

张：张文广是全国武术比赛的总裁判长，在北京体育学院教武术，曾经打败过苏联的大力士。

后来我长大参加劳动，曾在汽车八厂当过汽车装卸工。我装完汽车，吃完饭就上后街摔跤去。

第三节

梁会来

采访对象：梁会来，男，58岁，原老古城后街27号，后改为后街43号

采访者：杨金凤

采访时间：2013年8月6日

采访地点：老古城后街社区居委会

在场人员：马振才

梁会来的父亲梁云龙，受到整个村里人的敬佩。他生前留下的三本笔记，详细记录了古城村的历史和民俗文化。他之所以能够如此翔实地记录下村落的历史，在于他对自己生活的这片热土的挚爱；对优秀民族传统文化的珍视；对自己祖先了解的渴望……他写出每一档花会的渊源、寓意、动作要领及不同年代的参与人群，写得非常翔实，是因为他就在其中，且是发起者、组织者、推广者和表演者。

杨：您父亲曾经做什么工作？

◎ 1940年时的梁云龙 ◎

梁：我父亲是1926年6月6日生的，晚年得了贫血病，与疾病顽强抗争了12年，1998年过世，那年他73岁。我爷爷梁占魁，父亲梁云龙，奶奶梁赵氏，母亲姜秀珍。我还有两个妹妹，大妹妹梁会春，小妹妹梁惠香。

1934年到1938年我父亲在本村的公立小学念了四年书，从1938年到1940年在本村私塾读了两年。我

父亲的第一份工作是从 1940 年 3 月到 1941 年 2 月在钢铁厂的起重机厂当杂役；1941 年 3 月到 1942 年 5 月在炼铁厂的铸型厂当化铁炉学徒工；1942 年 6 月到 1946 年 6 月在钢铁厂的汽车库当司机助手，汽车烧柴火做动力，他是烧柴的。1946 年，我父亲患了脓胸症，那时候医疗条件不好，他的右胸三根肋骨被切除，就一直在家养病，直到 1948 年 5 月，又去炼铁厂的焦油车间当工人，一直到 1951 年 2 月。从 1940 年到 1951 年，他当了 11 年的工人。

此后，从 1951 年的 3 月到 9 月，我父亲在村里种了半年地。10 月，村里需要民校教员，他就当老师去了。1952 年 10 月，他被石景山区文教科聘用，分配到职工业余学校当老师，1958 年 8 月调到北辛安小学。1966 年 2 月他到古城中学当食堂管理员，在此期间参与了古城中学双泉寺分校的建校工作，最后在古城中学的总务处任事务员、校办厂会计。他是 1989 年 3 月退休的，那年他 63 岁，以后的 10 年，他倾注了全部精力研究古城村历史和花会。

马：1970年左右，我们都往我大爷（对梁老师的称谓，以下同）家跑，上他们家的人有太平歌会的，有好敲鼓的，有耍狮子的，还有去请

◎ 1957 年 10 月，梁云龙（后排左 2）和老玩角儿合影。照片中前排小孩为梁会来 ◎

教武术的，人又多又杂，大爷、大妈（梁老师老伴）从来不烦，没冷过脸。他们家是村里花会的一个聚集点，吸引了一拨爱好花会的人，互相交流切磋，不懂就问梁老师。

杨：听说梁老师以前是太平歌会的会头，后来交给别人负责，他又去创建了狮舞会？

梁：那时候一帮子人在我们家练武术，村里人说："人前显盛，背后用功。"被我父亲选中练武术的人自身条件好，练的时候也都特别有劲头，特别冲。

我父亲在太平歌会的时候，是唯一一个能扮玩角儿、能说、能教、能写的。每个角色的扮相，他都很细致地画下来。他还扮演过好几个角色，他当过老都管。

打我记事起，我们家就是一练武场，那时候我父亲在北辛安小学教五年级的语文，他白天上班，晚上回来练武术，练狮子。因为他身体得过病，从1958年起，他就开始强身健体，练武术，各种器械都练，后来组织了狮舞会。不过，我父亲喜欢花会这行当可是更早的事儿。最早狮舞会文场的第一个鼓直径1尺左右，是他和闫洲两人发起，一人出1块钱，凑了30多块钱买的，是1961年左右，我才6岁。这种民间自发组织起来的花会筹资方式是集资，一是大伙儿凑钱；二是种地，以前村里有石片儿地，一条子，各个会的人就去开垦出来，种上农作物，收成后卖；三是筛沙子，那时，在新古城百货旁边有个沙石厂，有个业务员叫闫禄，帮助联系业务，大家去筛沙子，挣些钱，买道具锣鼓等，当然也包括狮舞会的一些东西。

舞狮先要练武术的基本功，最早的狮舞会的成员大都是练过武术的，表演精彩。那些年轻人，整天地在我们家弯腰、踢腿、压腿，有了基本功以后才能披上狮子皮呢。

其实我父亲是现学现教，晚上一个人在昏暗的灯光下，把套路先画出来，然后在图边上标注文字，形成了教程，再按照这个教大伙儿。

刚成立的时候，第一拨领狮的是董文寿，第二拨是郝殿洪，后来是郝德平，再后来是他弟弟郝德亮。这一拨拨的人，都在我们家跳房顶。

马：2004 年后，郝德亮、廉伟、郝玉春的外孙子都练过。

梁：每天晚上，一吃完饭就上我们家，我们家两间北房加一过道，三间西屋，西屋是平顶，练狮子的人披上狮子皮，从房顶往下跳，就这么折腾。那房顶可是坏得快，两次翻盖，我父亲还是让做成平顶，好给大伙儿练狮子用，房子高 2.4 米左右。玩狮子的，穿上狮子皮，两人配合好，一块儿往下跳，把这个练好了，表演的时候板凳子摞成一层一层的才能跳过去。

领狮子的不光要练武术，还要能翻跟头，来回地翻，尤其是郝殿洪和郝德平，从小跟着一块儿翻跟头。1970 年左右，因为他俩有武术底子，跟头又翻得好，会小翻，先后被特招当文艺兵去了。狮舞的文场是从马连道请来的老师，后来王德奎教，单皮是王德奎和常守华。

当古城村里走会时，我父亲有时就把他那些练武术的老师、师兄弟们全都请来捧场。

杨：您父亲对您怎样？教您练武吗？

梁：我哪跑得了啊，自小就练。

父亲让我练习武术，强身健体，也能在被别人欺负的时候扛一阵子。我小时候练折跟头，练刀枪棍棒，后来跟着少林武术会出去表演，我和张国栋在苹果园的灯光球场，表演的是单刀进枪，他使的是刀，我使的是枪，我们俩对打。1977 年到 1979 年之间，我去门头沟体校跟武术教练刘贵学武术，他是我父亲师傅的姑爷。我骑车去，赶到礼拜日，就住在三家店村，那时候我十五六岁，张国栋比我大两岁。

杨：听说您父亲为了弄清古城村太平歌的来龙去脉，还自费到外省市考察过？

梁：是，他去过很多地方，“文革”后，他还去过山西的洪洞县，找大槐树寻根。古城村老人都说老家是山西洪洞大柳树（现在叫大槐树）的，古城这些大姓里头大都是山西移民，有几家是山东的。

中国传统文化的很多东西都是口传心授，文字上记载不太注意，特别是民间花会这些东西，随着历史发展都被湮没了，我父亲能想到用文字的形式保留下来，说明他是个做事情非常用心的人。

马：村里当时像我大爷这样有文化的也是凤毛麟角，小时候我常上他们家去，经常会看到我大爷写着什么。

梁：他的这些东西都是业余时间写的，说到写字，以前过春节，他都给街坊四邻的写对联。他真的是个很特别的人，就说武术吧，练刀枪剑戟的都有他的徒弟。

杨：听太平歌会的闫广胜说，梁老师曾经把自行车卖了？

梁：村里年轻人练武术的人多了，他就想把大伙儿有组织地聚在一块儿，成立个会。成立会得有东西啊，他就卖了自行车，买的双刀什么的。那是1960年左右，一辆自行车多宝贵啊，他愣是给卖了。

马：古城村是先有少林武术会，后有狮舞会。梁老师把街上爱好武术的人拢一块儿，正儿八经地成立了会。

梁：少林武术会的成立，让古城村又多了一档会，其实我们村会档内容是不断发展和逐渐丰富的，而且形式很灵活。比如郝德亮，走会中，其他玩角儿休息的时候，他就上来说快板，能说传统的段子，也能自编自演。

杨：梁老师得病之后还参加村里活动吗？

梁：他病的这些年里，还张罗每年的花会踩街。这期间，他参与了老古城村老年活动站活动，他是负责人，和金洪栋一起。

采访对象：郝殿洪、梁惠香、梁会春、闫淑平等

采访者：杨金凤

采访时间：2013年8月7日

采访地点：梁会来家

2004年在古城村普查非物质文化遗产项目的时候，众口皆碑地提到一个人——梁云龙，并带有些神秘色彩地说起他的三本笔记，说这三本笔记在古城大队的农工商公司档案室里锁着呢。越深入了解古城村秉心圣会，越会多方面地涉及梁云龙。为此，这个人成了我心中的一个谜，只可惜他已过世。这次采访，偶然在闫广胜嘴里听到梁云龙卖自行车的

事儿，才想到去寻访他的家人。在马振才的帮助下，见到了他的儿子梁会来，而梁会来有他父亲一样的仔细和认真，他约了两个妹妹和父亲的徒弟到自己家，使我有机会见到梁老先生的子女和徒弟们，了解他们心中的父亲和师傅。

杨：你们哪位是大女儿？

梁会春：我是，我今年 55 岁。我父亲做一件事情一定会做到底，比如他发起和组织的那些会档。

梁惠香：我是他的小女儿，今年 51 岁。我记得最深的是我们家的大茶壶，我妈特意买了一个挺大的茶壶，因为每天来我们家的人太多了，我们家的茶壶是换了一个又一个。

闫淑平：我是他儿媳妇，今年58岁了，他老人家还会中医按摩正骨，给人治病从不收钱，街坊邻居的小孩子胳膊脱臼什么的，他都能给治。

梁惠香：那时候，来我们家练武的是一帮子大男人，还好多抽烟的，屋里老是烟气腾腾的。我妈也不得闲，一个劲儿地给他们倒水。

杨：听说您是梁老师的徒弟之一？

郝殿洪，男，63 岁，原老古城后街 23 号

郝：是，我是 1964 年去跟梁老师学的，14 岁开始练。当时我们七八个小孩天天晚上去，梁老师也没明确说收哪个徒弟。

每年的正月初二踩街是最难忘的，大人、小孩都兴奋，一年了就盼着这一天。等到正月初四，我们就往外村踩街，附近好多村子都请呢，高井、模式口、北辛安等村子。

杨：您筛过沙子吗？

郝：我小，筛沙子就去过一次，凑经费。出去表演，大队给饭吃，发包子、烧饼。中午我们常去梁老师家吃饭去。后来我两个弟弟一个在石锁会，一个在狮舞会。我因为跟梁老师练了一身武艺，1969 年当文艺兵去了，当了四年。因为有底子，在宣传队演出《智取威虎山》，整个剧演了三年多。

杨：什么样的人才能当上梁老师的徒弟呢？

郝：梁老师收徒弟原则性强，一般的只教，但不明确说收徒。后来，

梁老师看我学得不错，就让我教其他的人，他的另一个徒弟罗小华也教过。当梁老师徒弟的基本条件得是学习好、品德好，他才教你呢。他带我们见过师爷张法尧、任殿清，在大峪见的，我十六七岁的时候跟梁老师去见的。

梁老师给我们提供一切机会练习，他在北辛安教课的时候，还带我们去北辛安小学去练，那是 1964 年和 1965 年的时候。

杨：您和梁会来是很好的朋友吗?

郝：小时候我们经常一起练，亲兄弟一样。现在回想起来，太珍贵了。跟着梁老师，大家都很团结，闷头练习，不闹意见。

◎ 梁云龙（前排中）、郝殿洪（前排右 1）、梁会来（后排左 1）◎

◎ 梁会来（左）、郝殿洪（右）◎

第四节

代表性传承人

一、常守智

采访对象：常守智，男，82岁，原老古城东井街6号。市级非物质文化遗产代表性传承人

采访者：杨金凤

采访时间：2013年7月至8月

采访地点：常守智家

常守智是古城村秉心圣会里的核心人物之一，是石景山区第一位，也是目前秉心圣会唯一的一位市级非物质文化遗产代表性传承人。其传承关系为：李文学（1921—1981年）→常守智（1931— ）→郝德义（1947— ）→常玉增（1963— ）等十多位。

常守智集石锁技艺、武术、杂技于一身。石锁技艺具有一定的危险性，需经长期习练，才能掌握该技艺。石锁套路由过去的14套发展到今天的108套，自成一体。常守智打破了石锁套路传男不传女的习俗，还培养了女玩角儿，使古城村石锁队伍不断壮大。石锁绝活儿上脑桩，由常守智继

◎ 常守智 ◎

承下来。上脑桩是指将石锁抛上空中，在石锁下落的刹那间，顺势用头顶接住。

在20世纪80年代和90年代的文化馆普查的记录中，多处有常守智的名字。在这30多年间，他为秉心圣会做了许多实际的工作，为秉心圣会的传承发展起到了积极的作用。

从玩角儿们口中得知，石锁会以前在常守智家练习，一遇有普查、采访、电视台做节目，多以常守智为典型或采访对象，社会各界专家、学者也多到常守智家进行考察、调研。秉心圣会复会以及2004年该项目的非物质文化遗产申报工作中，常守智和其他玩角儿们一起，倾注了极大心血，包括本次出版图书。由于老古城后街社区居委会距离现代嘉园居住小区较远，为了老玩角儿们方便，座谈会也多次安排在常守智家。正值8月酷暑，气温最高的时候地面温度达到40多度，人们在他家出出进进，他都毫无怨言。

常守智的子女们更是支持项目保护工作，每次家里来了进行访谈的人，他的二儿子常玉福一定要沏茶倒水，守在一边伺候大家，常玉福的爱人还要下厨做饭，留下工作人员用餐。采访的人没及时来，常玉福要打电话联系，工作人员不认识采访的其他玩角儿家，常玉福带着一户户去找。用闫广胜的话说："这一家子，容得下人。"其实，这是他们一家人对秉心圣会的一份虔诚之心，对他人的善待与理解。

由于常老爷子年岁大了，常玉福很多事情都帮着老爷子想着，用心地伺候老人，从中我们深切体会到中国传统文化中的孝道。常玉福说："秉心圣会讲究的就是一个善字。百善孝为先，这是儿女必须做的。"采访期间，有时候我把相机或者录音机忘记在他家，常玉福冒着中午的大太阳，跑着或骑车追赶，把东西送过来，生怕耽误了采访普查工作。最让人感动的是一天中午，常玉福叫我看录像带，他家北屋的床上放着几十盘从前的老录像带，他把录像带一盘盘地放给我看，让我体会当时走会的情景，看是否有可以截取的资料。我问他，这老物件您还都留着呢？包括放录像带的机器，他说："就是为了看从前这些秉心圣会的资料，舍不得扔。你看，这次不就用上了吗？"末了，他还说："你们写的时候，把安文秀那些从前给会里作过贡献的人写进去，别忘了人家。”他还跟马振才说：“杨老师有些情况了解得不是那么细，有些人说得准确不准确的，你最后给瞧一眼。”

几次采访后，我从其他玩角儿嘴里得知，常守智一家人对秉心圣会的感情是由来已久的。

常守智六岁的时候，他爷爷去妙峰山就背上他，跟着老人耳濡目染，开始学太平歌。他爷爷叫常六，是秉心圣会做饭的。他父亲叫常永利，是秉心圣会“跑堂的”，就是为会里服务的。

常守智 12 岁时开始跟师傅李文学练习石锁，现今虽年近八旬仍旧活跃在秉心圣会各项活动的组织中，仍能指导徒弟或习练者做石锁套路。常守智是秉心圣会的核心人物，为秉心圣会的传承起到了重要作用。

在石锁会，常守智还负责购买一些玩角儿们表演用的东西，买回来后一笔笔报账。那时候会上的东西也放在他们家，常玉福说：“旗子有旗杆，长，家里没地方放，就都绑在房梁上。表演穿的衣服和锣鼓家伙儿也都搁我们家。我爸对会里的东西可当宝贝了，有一年大年三十，因为正月初二要踩街，他就开始收拢东西，发现小二哥表演用的鞭子找不着了，他就东翻西翻，还让我们也跟着找，说是不能耽误了踩街，结果

◎ 常玉福（右 2）练石锁 ◎

那年我们连大年三十都没过好。”

常守智说：“走会六个字：走、站、立、扣、响、亮，就是站有站相，走有走相，亮相要亮得出来，塌腰折胯的不行。从庙里往外出会的时候，讲究上增门，下增坎，打龙门，须露出龙门脸，门前门后门左门右……”秉心圣会的会礼、会规，他还能说出一些：“门左是高跷狮子，门后是五虎棍；走增坎，就是跳铁门槛，一句话是一个会。什么样的门怎么走，都是有讲究的。出门打三参，进门也得打三参。遇见门就得打。进门紧三步，出门退三步。门左，门右，左边对子写什么，右边对子写的是什么，都讲究着呢。”

他说：古城村人自古就心齐，没有办不成的事儿，京西有个顺口溜：“八角村唱戏，卖口袋卖屉；大峪村唱戏，典房子卖地；古城村唱戏，吹灰之力。”意思是古城村人办事儿不费劲。玩会就得有钱，钱哪儿来，大伙儿攒的钱，攒钱的都是穷棒子。攒钱舍不得花，就惦记着走会使。一听说村里要走会了，不管是在周口店驮煤的，还是在外头做买卖打工的，等到农历四月十五都赶回来。有一年，闫殿荣从周口店回来，一脸黑煤灰，一身土，走了五六十里的路回来的呢。他不等洗脸，就蹬上腿子，把煤让别人卸去。你说走会不管吃，不管喝的，就是自己取个乐。那年月，玩角儿们许的愿，就是今年我得好好蹬蹬，都是一个心气儿，一个愿望。

常守智的大爷常永富是过去秉心圣会的老都管，在京城会里是有名的。以前会里的旗子是常守智的二姥爷画的，他二姥爷是村里东庙看表的，姓郝。以前画的是季节丰收的粮食，扯钱粮筐的围布要到钱粮胡同。常家姓的人很多都在会里。

常守智虽然是石锁会的，可是唱起太平歌他一段接着一段的，和李文仁、李文芝、李德水几个老玩角儿没少在各种演出活动或走会的时候唱。采访的时候，他和郝殿春说着说着就唱起来，一个人唱，在场的几个人就能跟着和，他们唱的是《小五佛》。

访谈中，很多都是单个儿聊的，发现古城村的玩角儿们都是互相捧的，没有谁是贬别人的。在李文芝家，他夸常守智如何用心；而在常守智家，常守智说李德水、李文芝技艺如何高，说他们都学过，记性好，还说常守元锣鼓家伙打得好，说郝殿泉 70 多岁了还能唱。常守智 17 岁的时候当过农会主席，组织事儿有号召力和经验。有的人到他家参加访谈，常守智就鼓励大伙儿：“想起什么就说什么，上面给咱们出书，写上不是一辈子没白活嘛。关键是把咱们村儿百年的事儿记载下来，也是功德善举。”

访谈期间，很多人都提到常守智的老伴张丽荣，说她每次走会都帮着去给玩角儿化妆、勒头什么的。从前，石锁会在他们家院子里练玩意儿，他老伴给大伙儿沏茶倒水。到妙峰山走会，她帮着化完妆，赶紧收拾家伙什儿，先行一步跟着去上妙峰山山下边支锅埋灶，准备走会的人到了，给大伙儿做饭，捞面，一大笸箩一大笸箩的，人多，100 多号呢。在村里走会的时候，她还去拿旗子的。

◎ 常玉芬 ◎

常守智的儿女们也都从小喜好武术、石锁。董文寿说，常守智两个女儿小的时候，他亲自送两个女儿到自己家习武。看到他二女儿常玉琴的一张照片，是 1982 年 8 月跟姐姐一起学习武术照的，当时她才 6 岁。常家大女儿常玉芬，手巧，在村里雕花最好，也参加会里的演出。二女儿常玉琴 59 岁了，常帮着父亲做会里的事儿。三女儿常玉岑，今年 57 岁了，跟着妈妈帮着给玩角儿们做饭。四女儿常玉桂，今年 45 岁了，从小练武，走高跷还扮演过角色。常家大儿子常玉增，今年 50 岁，是石锁会的；二

◎ 常玉桂 ◎

儿子常玉福跟老父亲一起住，伺候老人起居，今年48岁，也是石锁会的。

常玉福说："从小被爸爸喊着练，练不好老爸就动手打上了，小时候跟着董文寿练功。我练石锁的时候，后脊梁被砸过，我爸还是让我接着练。那时候一走完会，玩角儿们穿的鞋都存在我们家，我妈就在院里一双一双地刷球鞋。练习的人来了，我妈沏茶倒水，太平歌队化妆缺人，我妈赶紧就去给化妆，还带上我媳妇陈秀洪和我嫂子计春莉去给化妆，会上缺打旗的，她还帮着打旗。我妹妹常玉桂四五岁就开始练蹬高跷，也帮着打脸（化妆）。我哥常玉增，石锁扔得好，双背剑一扔就100多个。"

◎ 小时候的常玉福（前）◎

回忆起走会，常守智说，80年代民间这些玩意儿都复兴起来了，我们村石锁、太平歌等也恢复了。我们参加区里活动，走会从古城到八角再到鲁谷，走那么远也没见有摆茶桌的，因为人家不知道我们古城村的风俗习惯。那次把大伙儿累得够呛，当我们走到鲁谷的时候，突然见一家摆出了一个茶桌，那是我姐姐家，她是古城村的姑奶奶，懂这个。1988年我们上妙峰山立碑，碑后刻着谁捐的钱，反正都是村民各家出的。以前走会的钱都是自己挣的，在古城村南边，有两亩石片儿地，种白薯、花生、豆角。秉心圣会延续至今，重要原因是一辈辈古城村人对秉心圣会的崇尚。1954年李殿春为买第二天表演用的鼓，连夜徒步走到前门，第二天早晨，快到村口时边走边敲，为了告诉焦急等待的人他买到鼓了。

常玉福说："我爸爸还把我们家的一个大条案捐给妙峰山了，那时候妙峰山庙刚修好，我爸爸去山上看，庙刚修成，送子娘娘庙里缺个桌子，又不好买，就回家跟我妈商量，把我们家老香案拉到妙峰山上去了，还有郝玉山家的大缸。村里人也是，不仅仅是走会的这点儿人，能帮上忙的都帮忙，比如说我们走会，买了布得有人用缝纫机给做上啊，那时候有缝纫机的人家儿不多，南胡同陈俊萍妈妈用缝纫机给大伙儿做灯笼裤、白汗衫什么的。我们自己买的白网球鞋，小时吃饱了就去练基本功。”

常守智特别说到，为了会，文化部门也没少费心思，一拨拨的人来记录，以前吕品生没少来过，后来你们也来，大学的教授、学生也来。我们感谢大家伙儿对我们村的关注，我们这些老玩角儿也坚信花会散不了，能传下去。

二、田忠

采访对象：田忠，男，79 岁，原老古城前街 48 号。区级非物质文化遗产代表性传承人

采访者：杨金凤

采访时间：2013 年 8 月 9 日上午

采访地点：田忠家

1946 年我 12 岁，身体不好，我父亲许了愿，让我走会的时候捧三年娘娘驾，求娘娘保佑我身体健康。这是几百年里村里传下来的习俗，谁家的孩子体弱，就捧娘娘驾。

◎ 区级传承人牌 ◎

◎ 田忠 ◎

1988年会里去妙峰山立碑，我背着挎着大筛，跟其他三位老人一起，把会引进山门，向老娘娘行三参礼。

杨：您父亲过去走会的情况您了解吗？

田：我父亲田茂堂在香道上经过盘道结识了很多会。我父亲善良，不是通过盘道把你问倒，而是通过会礼、会规问答，互相学习，还给别人指出来不足的地方，得到多个会会友的赞扬。

那时候老走会，六七十年代，利用"五一""十一"走会，一年几次呢。我父亲在其他会里也有不少朋友。

有一年春节踩街，石锁会的安文秀带会，带到我们家门口时，他就把会停住了，说是给老前引打个三参。我父亲已过世多年了，他们还想着，我很感动，第二年我就准备了茶桌。1988年改革开放了，村民手里有钱了，总觉得老辈跟妙峰山有几百年的缘分，一想还缺点儿什么？妙峰山碑没了，咱们立块碑吧。常守智、安文秀、闫洲三位筹备这件事，我跟闫洲是邻居，我儿子在办事处，田洪彦写的碑文，常守智几个人到黑石头找石匠刻的碑。古城村的会是妙峰山重修后第一个上去立碑的。

1988年5月2日，大伙儿都聚齐了，准备到妙峰山立碑，我就和三位老人把大筛背上了。

复会后，走会上妙峰山，我主持的进香仪式，先唱四句《西江月》，接着是朝顶进香词："香烟缭绕扑鼻薰， 诸佛海会悉遥闻，秉心圣会来朝顶， 前行百里拜元君。"然后说："京西古城村秉心圣会全体会员，向老娘娘上香磕头，求老娘娘保佑古城村民男女老幼平平安安、万事如意，向庙会期间守庙堂的、守神堂的、走会的、烧香的、吃斋的、拜佛的、施粥的、施茶的、老都管，道一声您辛苦了，多虔诚了您呢！"最后宣布："中军大把儿石锁太平歌上香有鉴！"这时候大家互道虔诚。接下来攒香，先用三把香攒成三角形，然后大家再把香往三面攒，地盘大点儿，稳当，攒到一米高左右，从底下点燃，这时候各会档打三参，行三参礼。完事儿唱太平歌号《小五佛》。然后大伙儿从侧门退出，到塔院献档，进门的时候从正门进。玩角儿们在塔院献档的时候，前引要带着各会会头到粥茶棚拜知，说："本棚老都管在此，小管前来拜知，请贵棚老都接帖。”这时令中军号（由中军、四执组成）行三参礼致谢，退出。此时献档也差不离了，就准备回香，各会打回香点儿。石锁会的回香鼓点儿：咚咚，咚咚咚，嚓嚓，嚓嚓嚓。太平歌会回香点儿：咚呛咚，呛咚，气咚呛咚呛。这时四执紧敲三下：呛呛呛，敲三下停一下。

回香途中遇见别的会，他们是去妙峰山叫“宝香”，意思是有公事在身。两会一相遇，回香的说：“您大表未交，有公事在身，理当先行。”宝香的说：“您大表已交，乃有功之臣，理当先行。”双方一商量，两会都刹响，栊筐下肩，用手托着扁担，侧身而过，这是两会相遇的会礼。

按照以前来说，到石景山二山朝顶，仪式跟妙峰山一样。

上香回来，午夜才到家，步行，来回来去三天。头天是农历四月十一在村里踩街，四月十二扬香上妙峰山，四月十三朝顶，一去住在南庄，休息一宿，十四早晨上妙峰山进香。

我小时候捧娘娘驾是在街上踩街。我父亲教育我要善良做事，他说会就是积德行善的。他拜常永富为师，晚年常永富就交给他会礼、会规了。常永富北海力挫群雄，结识了京城总会长陈永利。有一年到妙峰山进香，我们走到模式口西头，走会的堵了，过不去了，从前模式口街上有门洞，我们的会堵在后边，常永富就让我父亲到前边打听怎么回事儿。陈永利一听是古城的，就问常永富来了没有，我父亲说来了，就跑回去把常永富叫过来，他们俩互相问好，陈永利说：“今天咱老哥儿俩好好叙叙。”就是要盘盘道，常永富一指我父亲说：“让他跟你叙。”陈永利就出了一堆题，他也没把我父亲问倒。末了，陈永利说：“老哥，名师出高徒，我佩服你。”从此我父亲和陈永利就算认识了，互相都有了好印象。

民国初年，中南海赛会，去了百十来档会，咱们古城村的会应邀也去了。我父亲是前引，负责对外联络，又见到陈永利，向他问了虔诚，陈永利又让我父亲把常永富叫来，他对常永富说：“今天我做主了，你们会第一走，这百十来档会，由你们引。”引导有单引，有反引正带，就是我从后边往前引，再出会。眼前百十多档会，用反引正带得多长时间啊。“怎么引呢？”常永富问我父亲。我父亲面对百十多档会，又那么多会礼、会规，他思量了一会儿，说：“我用一次性引导（集体引导）。”常永富说：“我就要你这句话呢。”之后，我父亲用集体引导的方法，带领中军号行到头一档前面打三参，他带领中军号往后走，从两侧往后奏，见一档会打一次三参，一直到队尾再返回来，行到最后逢会就打一参，最终行到前面打一个三参，然后将各会引到中南海。我父亲遇事冷静，有办法。这事儿一个是李文仁，一个是曹德江跟我说的。

杨：会里其他事情您了解吗？比如化妆？

田：新中国成立前是个姓郝的老人给化妆，男的，村里住的。新中国成立初期就不在了，我知道的时候，都六七十了。后来化妆是梁老奶奶（陈金环），梁德宝的夫人。梁德宝也是会上的，吹喇叭的中军。

背大筛应该一米七以上，个子高的。常永富的两个儿子常守仁、常守义，还有张义、马振强过去是背筛的，田桂芳也背过。四面大筛是“神耳”，是起通知神灵的作用。我们村的筛，边沿厚，往里抠着，现在四面新的，没老的声儿正了。

过去讲头很多，就拿打狮子说，打之前叫门：“自古西骑第一排，文殊普贤降下来，弟子率会来奏事，望求神兽把门开，请容弟子把香降，回头跪倒地尘埃。”如果狮子不理睬，再说：“再三再四你不开，文殊普贤降下来，手持皮鞭朝下打，照你神兽打下来。”狮子说句道白：“请板赏弟子。”这时候就开始打狮子了。

小二哥的小筐代表耍狮子的绣球，小二哥要是冒坏，把筐扔树上去，狮子就得上树上摘去。所以太平歌会怕狮子蹲门，狮子也怕太平歌会的小二哥犯坏。狮子也怕“探海”，如果小二哥把筐扔到河里，狮子就得探头去海里（水里）捞取。弄不好狮子毛全湿了，冬天就冻上了。打狮子只有太平歌会、五虎棍、开路的三档能打，打之前叫门。

石锁以前有文场，听老人说古城的太平歌会在八宝山被狮子蹲门受阻以后，闫殿禄就开始学石锁了，他是在城里庙里跟老方丈学的。

一般的走会，狮子打头，有好处，末了才引它。不能先引它把门，那就把门把上了，所以它最后进去，它给会上把门不能先进去。

杨：以前秉心圣会都包括什么？

田：我父亲说，秉心会包括灵官旗、四只钱粮筐、龙旗牌棍、娘娘驾、督旗。我父亲1964年得病，那时村里走会还请我父亲指导，他1967年病故。我儿子为秉心圣会复会和申报都做了好多工作。

会里的事儿我都放在心上，告诉大伙儿。复会的时候画图，怎么做两龙旗、四个龙棍、两块牌子等，我都出主意。

三、李文芝

采访对象：李文芝，男，80岁，原老古城西一区10号。区级非物质文化遗产代表性传承人

采访者：苗天娥

采访时间：2013年3月7日下午

采访地点：老古城后街社区居委会

我父亲叫李殿京，在会里是打箍的，母亲姓安，叫安如新，爷爷记不清了。我老叔李殿才等人都在狮舞会。

我跟郝殿银学太平歌，大概是十五六岁的样子。除了跟郝殿银学，还有闫殿秋、闫殿银、闫殿荣等，都是上一代人，都算师傅辈的。学唱主要跟郝殿银。当时生活很困难，买油灯专买小的，省下钱跟师傅学唱。我的师傅没有文化，但记性好。别地儿的高跷要么文跷，要么武跷，我们的太平歌占两门儿：文武双全，能走能唱。我们叫太平歌词，别的地儿没有。太平歌词在唐宋元明清都有，从周朝就开始了，听三天听不完。我们唱的词儿除去古城村的人不会唱，也不好学，有古城村的特色，或者说是京西特色。

◎ 李文芝 ◎

当时太平歌会的头儿是梁云龙，都管常守信。我们那会儿在会

里踩高跷的同一拨人里前面是田连荣、闫广智、李德水、闫广财；中间是李殿生（扮渔翁）、李文芝、郝殿泉（扮膏药）、李殿春；后面是郝德振、常守成、常守元、尹福海。我扮的是樵夫，唱得最多，就是渔樵问（对）答，跟我搭档扮渔翁对唱的李殿生已经过世了，他的活儿别人干不了。现在我还会唱这些歌，能唱十几首。李殿春也扮过渔翁，后来是常守元。

1977年，又开始走会。太平歌会里有我、李德水、常守元、梁云龙，还有闫殿荣，都是核心人物。闫殿华蹬腿子蹬不了，唱得还可以，跟着上过妙峰山。会里的大拿是闫殿银、闫殿荣等人，他们玩得好。从一开始玩，12人里差不离儿，闫家的人差不多占到三分之二，俗称"闫半台"。踩高跷腿子最硬、花活最多的，谁也超不过田连荣，第二个是李德水。那时候高跷的套路有很多，闫广胜和我是街坊，开始学得好。玩的时候，先是圆场，该谁跳谁跳，该唱的唱，个人有个人的活儿，这是第一项。第二项是走的时候，有单龙出水式，有双龙出水式，有推小车。那会儿还拉骆驼，这腿跟腿翘起来，头里带着走，头里要撂下，后面的才能撂下，多远都得跟着走，很要劲儿。集体项目是搭象楼和大登殿（拜佛），闫殿京玩得好。个人表演最拿手、让人眼前一亮的、最好的还数李德水，圆场讲究逗，在场内，12个人的活儿他都得会。他引别人做动作，如打柴、蹲裆、老坐子的动作，都是他先做，别人跟着来。闫广财当老坐子，表现女性的腼腆、羞涩，拿扇子捂着半拉脸。他长得脸大，又丑，但唱伍子胥唱得一字不落。说到大板凳跳、走，别人赶不上他一半儿。出东庙的时候，得有引，陀头蹲裆、跳蝎子，公子引老坐子，各有各的相，看似几斤的分量得拿出几百斤的劲儿，否则逗不乐大家伙儿，然后渔、樵跟着出来，膏药从庙里出来，跳八字下台阶，打鼓的打坐鼓，打锣的蹲着出去，各有各的绝活儿。

在我们那一拨12个玩角儿里，闫广胜扮公子，老坐子是闫广庆，陀头是李殿刚（闫广利），小二哥是闫洪金（闫洪银也扮过），膏药是闫广利（李殿刚），郝殿春也扮过小二哥、打锣的，渔婆是闫广平，樵夫是梁云凤，渔翁是闫洪利，打锣是郝彦林（刘凤水也扮过），打鼓是郝松林，膏药是郝殿春（闫洪新，不在了）。12人中有的专一门，而田连荣、李殿刚是干什么都行。到现在，这12人中还有一半人能上跷，年轻人顶上来了。

复会的事儿是马振才起的头儿，会搁了近十年，他决心把玩意儿树起来。开始挺不好做的，我们开会都是在晚上，从7点到9点，全不占用工作时间。

最有趣的是那年上妙峰山，路过琉璃渠，上万缘同善茶棚，他们家姓赵，是现存唯一的一家茶棚。那一次，我们的会上妙峰山进香，碰见一档外地来的会，想压倒人家，人家不服，双方较上了劲儿。外地来的会挺冲，成包的粮食摆出了两里地，直到万缘同善茶棚。我们的会怎么办？法海寺的方丈出面联系附近各商号，万缘同善茶棚一打招呼代表京西，打开库拿元宝，每个粮食包上压一块元宝，才把对方压了下去。老话说就是“人前显盛，耗财买脸”嘛。按会规，这叫“气会”，互相斗气，就是你好，我比你还好。两个会见了面，想法难为对方，应承不上，受气；应承上了，人家佩服你。

古城的会，京城都知道。过去年轻人进城学徒，学布行、粮行或摇煤的，到年节或农历八月十五走会时请假，只要一提古城的，需要走会，准保给假，别的会则不行。去妙峰山也是，有东道、西道、南道等，各道都有会，一提古城的会，都知道。到妙峰山我们有歌词：“千行万里来朝顶，准备来年照这样行。”

四、李文仁

采访对象：李文仁，男，85岁，原老古城西二区2号。区级非物质文化遗产代表性传承人

采访者：杨金凤

采访时间：2013年7月29日上午

采访地点：李文仁家

我爷爷行九，在村里被称为“九爷”，奶奶被称为“九奶奶”；父

◎ 区级传承人牌 ◎

◎ 杨金凤采访李文仁 ◎

辈哥儿仨，李殿金、李殿银、李殿财，都是会上的。我这辈兄妹五个，我是老大，是太平歌会文场，老三李文芝是武场。

我13岁就跟老辈人常永福和闫殿禄学打鼓。秉心圣会最初由三个会组成：秉心会、石锁会、太平歌会，村里娃都喜欢玩。日本人占领钢铁厂的时候，我用日本票子在石景山庙会上买了个小鼓，自己学着敲，真拜师傅的时候开始不让动鼓槌，用两只手在两条腿上拍打鼓点儿。我白天干一天活儿累了，晚上练鼓点儿，怕吵着家人，就轻着在腿上拍打节奏。

鼓有鼓词，就跟“百家姓”赵、钱、孙、李一样，是有讲究的。一边敲腿一边背鼓词，背鼓词比唱鼓词难。大多数太平歌会的人都姓闫。

民国时期，我们从妙峰山上香回来，路过三家店，被三家店高跷会的人拦住了。他们不服气古城村的高跷本事，在八仙桌上放了条板凳，让我们先跳过去。我们的太平歌会12个玩角儿有6个都从板凳上跳过去了，轮到他们跳了，却把板凳撞倒了，人也摔在地上。其实三家店的人没想到的地方是秉心圣会的高跷比他们的高。

高跷不是那么好学的，我儿子李洪禄，学几次摔倒了，就不学了。以前闫广财一个亲戚住在高井村，我们会的人去教，不到一个月就不学了，怕挨摔。

我 17 岁跟着出会，老辈人说："念好了歌，差不多。"敲鼓点儿得知道人家太平歌会的人要唱什么词儿，不能瞎敲，敲鼓要脑袋好使，敲轻鼓，就是轻打轻敲。鼓点儿有八套，有单鼓、双鼓……

我们买鼓都去打磨厂，用车蹬回来，累人。有一次一下就买回来18个。

我有两个徒弟，一个是叔伯兄弟李文钰，一个是郝永魁。

乐队有八对家伙，领头的旗子一扬，家伙共同上，一块儿打。

农历四月十五前，上妙峰山走会，一清早吃会印，吃的是面。从妙峰山回来，再到石景山朝回顶，半夜 12 点才到家。全村很多人，都点着香举着，到村外西头去接上香回来的人。

说以前的老人，闫殿荣死了十五六年了，扮打棒的、膏药。他扮的膏药，没地方找去，凳子、桌子、板凳，什么东西都敢跳。田连荣，太平歌会的，也过世了。

秉心圣会的人讲究，烧香烧的是芯，办事办的是心。心好，别办坏事。要不你年年上妙峰山干吗去了？求的是平安，行善。

第五节
太平歌玩角儿

一、李德水

采访对象：李德水，男，84岁，原老古城后街16号

采访者：杨金凤

采访时间：2013年8月10日

采访地点：李德水家

在场人员：郝德亮

李德水是现下秉心圣会中太平歌会里的主力老玩角儿之一，是几位还能唱太平歌的人之一。老人身体还不错，讲述事情也很清晰，对一些高跷的老动作也能完整地表演出来。

杨：您12岁就能蹬高跷了，蹬的是高跷还是矮跷？

李：我当时踩的不是高跷，也不是矮跷，就是自己找了两根1尺多长的木头桩子，在每根桩子当中间挖个窟窿，脚蹬窟窿里。我们家离村里踩高跷最棒的郝殿银家近，打小儿心里就想，什么时候能跟他一样风光啊！憋着这股子劲儿，后来我真的接了郝殿银的班，扮上了公子。

◎ 1963年太平歌会李德水、闫广智、闫广财、田连荣、李文芝、常守信、李殿生、郝殿全、尹福海、常守元表演搭象楼（石景山区档案馆提供）◎

杨：您头一次上妙峰山走会是多大岁数？

李：20岁左右的时候，第一次蹬跷走会，我们走半道，要在万缘同善

茶棚打歇儿。头天晚上在村里踩街，第二天早晨5点多就往妙峰山去。到妙峰山南庄子打尖儿，别的会还能歇会儿，我们绑着高跷腿子的，哪儿都不能动，只能两人背靠背迷糊一会儿。以前妙峰山路不好走，坡陡，走上去费大劲了，毛驴驮着衣服和烙饼跟着。现在多大造化，还能坐汽车去。

杨：您当时做什么活计？

李：我13岁开始就赶大车了，还是孩子呢，给郝殿银家。我这身玩意儿，得感谢郝殿银，他说我嗓子不错，就不让我抽烟。每天赶大车出门前，他老伴儿用大缸子给我沏好一缸子水，水里头有胖大海、麦冬、透骨捻儿（音），每趟活儿郝殿银都跟着我，盯着我不让我抽烟，怕毁了嗓子。那时候我嗓子真是好，跟铜钟似的，透亮着呢。后来他不跟车了，就让他兄弟跟着我。我们用大车拉煤，有时候从京西门头沟圈门装车，有时候在家里装车，往皇城里送，送到东交民巷外国饭店里。如果路上遇上人多或天气不好，郝殿银就让坐一边，他赶车。

杨：您这代算是太平歌会的第几代呢？

李：应该说是新中国成立以后的第一代吧，但实际新中国成立前就开始学了，也在村里走会。2009年正月初二，最后一次踩街我还唱了呢，在三义庙唱的群曲儿。

从前，每年农历四月十一上妙峰山走会前和每年在村里正月初二踩街，12个角儿都得先在三义庙前唱群曲，先号佛，号完佛就唱秧歌头。

杨：谁先起头？为什么唱秧歌头？

李：公子起头唱秧歌头，是为了从庙里一档档地往出引会，先引太平歌会的其他角儿。公子往外引会的时候，从三义

◎ 李德水 ◎

庙台阶上别着黄瓜架倒退着下来。先陀头出来，然后是小二哥，然后就是我了，公子。我往出引，上台阶是剪子步，下来就得倒鹞子，一个个往出引，得玩各种玩意儿。当引膏药的时候，膏药成心不出来，公子得上去三四回，才能请动膏药。末了，膏药下来的时候，磕着八字下台阶，公子倒退磕八字下来，膏药手上摇着串铃。小学校就是三义庙，原来山门是七个台阶。等膏药下来以后，再上去引出渔婆。说这话不是自夸，腿子要是软一点儿的可不行，尤其是倒鹞子下台阶，那可是看本事的。打锣的有时候单腿蹦着出来，你引会，也得这么单腿表演着出来。越到后来就越偷懒了，如今会动作的人也少了，不玩玩意儿了。

杨：谁指挥呢？

李：拿旗子的是闫河，他指挥，他是把儿头。

杨：走会，出了庙门就往村里走？

李：我们这档从庙里台阶下来就往村西走献档，头一个献档的地方是在张国栋的爷爷张义他们家门口。然后一档一档地往村西走，到闫河家门口好过，唱一唱就过去了，要是到了都管家门口就得玩玩意儿了，因为他是太平歌会的都管。我们跳板凳，四条板凳排开，跳联桥。都管、把儿头一看，太危险，不让跳，可我们劲头足，非要跳，后来他们一商量说："小家伙儿们非跳，咱们保护着点儿。"我和田连荣、闫广智、郝殿泉都跳过去了，就是12个角色里的前半台四个人都过去了。等到了第二年，我们12个角色全跳过去了。那时候，我们年轻，二十一二岁。

前半台是跳八仙桌子摞板凳，公子为主，膏药第二，闫广财、闫广智、郝殿泉我们几个腿子硬。这种表演往往是先逗一场圆场儿，按照说书的说，那就是书胆。前边四个人都得胆子大，腿子硬，演出彩儿来。

杨：您现在还能蹬跷吗？

李：要是土地儿，绑上还能走。1989 年，花会上陶然亭演出，我还扮上了呢，那时候已经六十来岁了。那天，我和田连荣全换上了衣服。当时郝殿宽是大队里的，他不让换，怕我们摔了碰了的。可小辈的都不干，非得让换上。我跟大伙儿一块儿，打陶然亭东门走到西门，还在南门逗了一场。

杨：您蹬高跷几十年里，摔过没有？

李：摔过，五几年的时候，过春节踩街，冰滑的，腿摔伤了。当时有人在结冰的路上扬了一层炉灰，为了防滑，我就以为不滑了呢，哪知道一跳，就滑倒了，帽子钩钩破了左耳朵，流血了，就那样，我还跳完最后一个茶桌呢。

摔的是右腿，伤到筋了，梁云龙和李殿生带着我去医院看的，天下着大雪，他们带着我去的门头沟，那会儿二十七八岁。后来，村里再走会，我爸爸就跟着我，不让我蹬了。一次，八角村请我们去表演，我爸不让我去，我向我爸保证，绝对不蹬了，只是在旁边看着。可队伍一到八角村，大队的翟茂说："你不蹬不行。"我说："你们别急，让我先试验试验。"当时大队门口放着一笸箩花生，我试着跳了过去，一点事儿没有，这时我心里有了点儿底。我就趁着我爸爸拿着旗子上屋里喝水的空当儿，蹬上高跷，什么也不顾了，从此就又开始蹬了。

杨：您爸爸也是会上的？

李：我爸爸叫李洪儒，他也好喜这个，有时候在会里拿旗子。哪个会他都去。会上交钱的时候，我们年轻人每人交一块，老的交两块，我爸爸三个会他都交，别人叫我们家"会疯子"。一到正月走会，我们家的玻璃都弄碎了，我们这帮子踩跷的坐在窗台上绑跷，就把玻璃碰碎了，我妈还说好事儿，碎碎（岁岁）平安。走会前，我们家可热闹了，里头屋编麻辫子，外头屋饿了就连吃带喝。麻辫子编成一米多两米的，绑高跷用，从脚腕到膝盖都得绑上。

我爷爷叫李四，他是哥儿俩，还有个叫李三。那时候我爷爷老说："弄俩钱儿别瞎花，到时候给会上多交点儿。"我妈生我们12个，末了就落下我这么一个。我蹬高跷，我爸老是怕我有闪失，可我一蹬起来，什么也不顾了，就"疯"了。

杨：走会有什么规矩吗？

李：没有行吗？甭说那些会礼、会规多，就是走会也得规规矩矩的，不能乱说话。有一年在村里走会，我们这档表演完了，坐一边歇着，当时石锁会正献档，我就问了旁边的人一句："咱们到那边玩什么玩意儿？"谁知把儿头闫河听见了，就给了我屁股蛋子一竿子。等完了事儿，他上家里来，问我疼不疼。我赶紧说不疼。怎么不疼啊？不敢说。那会儿，老人们教我们干什么事儿都得守规矩。

采访时间：2013年8月13日上午再次采访

采访地点：原三义庙

杨：这里就是每次走会的三义庙旧址？门朝哪边开？

李：门朝西开。原来的三义庙，南三间北三间。院内大松树在北后道岔的那边，就是现在小学校里的那两棵树，是在三义庙南。西庙从前有两块石碑。

◎ 旧时出会地点——三义庙前大树 ◎

杨：高跷有多高？您现在还能唱几首？

李：一米三，离地93厘米，脚踩90厘米。当初梁云龙说为了安全锯掉3厘米左右。

我现在还能唱《壮士拉马出城西》《游山》《游春》《一书生》《好外交》《大哭马》《小哭马》，这些都是郝殿银教我的，还有不少现在忘得差不多了。郝殿银扮的公子在京西有名，我们上两拨的，一米八五的个子。常守信在我上一拨，跟我也蹬过高跷，扮的是打锣的。

二、常守元

采访对象：常守元，男，77岁，原老古城北后道4号

采访者：杨金凤

采访时间：2013年7月30日

采访地点：常守智家

杨：您是村里老人，也是太平歌会骨干，比较了解会上的情况吧？

常：从前会里的钱是曹永贵都管负责，叫“会印钱”。大家有钱就放在曹都管家，他负责往外借，收回的利息走会使。

新中国成立后在南水坑种地，生产队的石片儿地不要的，收了粮食会上卖出去，拿这钱买杉篙，做腿子。蹬高跷的衣服、腿子和好多走会的东西都放在我们家，整占了西厢房一间房，20多年，那时1个月3块钱租出去，得挣多少钱哪。没办法，自己好这个。

杨：听说1982年您发起做了一批高跷？

常：那是特意为走会做的。1982年走会是为争一口气。有一天我上古城菜场，就是现在的物美超市，高井的太平歌队在那儿表演，我一看人家的会都拉出来了，就去找张国栋，因为原来的腿子没了，怎么办？

◎ 1965年常守元（左）、马振瀛（右）◎

◎ 常守元 ◎

离正月十五还有三天，大队就给了300块钱，我就到物资局买了杉篙，让闫广利、闫广胜他们给做出来的。就这样，正月十五我们愣是蹬着新腿子走了会。1982年还做了14副小跷，给孩子们，大跷做了37副。几百年了，古城人玩这个，什么脾气性格的都有，可走会也没上谁家叫过谁，一说走会都来，是会的号召力大。

梁云龙开始管太平歌会，1960年梁云龙弄狮舞会去了，把太平歌老唱本给了我，“文革”的时候，我紧收着没露。1982年走会，拿出来一看太旧了，翻了本新的，旧的交给了村长郝殿宽。这期间唱本差点儿弄没了，拿到别的村去了，我们愣是给追了回来。

我七八岁学蹬高跷，在曹永贵家，一帮七八岁的孩子，坐在曹家台儿上，有棵大槐树，都在他家院子里学、玩。十几岁的时候，我们蹬着小跷到北辛安扭去。曹家卖关东糖、蚕豆、风筝等，攒起来的钱都给会里了。

杨：听说常姓好多人在会上？

常：我和常守智是本家，一个大爷——常永祥，当过都管，扮太平歌舞里的老坐子。我还有个哥哥叫常守忠，扮过老坐子。我扮的是打鼓的。常永河是本家大爷，扔石锁的。石锁会常家人多，太平歌会姓郝、姓闫的人多，郝殿银（郝赶年）扮的公子，嗓子好，哥儿五个，名字最后一个字是金、银、财、宝、贵，是张国栋的舅爷。

1960年，全村孩子都在常永河家院子里练，人多了就上小学校。那时候有马振瀛、尹福海、杨广智、闫广财、郝殿财、李殿生等一块儿练。

常永庆的儿子叫常守明，练石锁，今年52岁了，带好几个徒弟呢。弟弟常守生是狮舞会的，三哥常守柱是石锁会文场。很多人是文场、武场都会，能敲又能扔石锁。

三、尹福海

采访对象：尹福海，男，74岁，原老古城北后道13号

采访者：杨金凤

采访时间：2013年8月6日晚

采访地点：尹福海家

在场人员：马振才、尹生利、尹生旺、尹鑫鹏

傍晚到尹福海家，他正在床上躺着吸氧。我看他气喘得艰难，三十六七摄氏度的闷热天气，加重了他的病情。我安抚他不要下床，和他儿子聊就行了，没想到十几分钟后他带着氧气管从屋里出来了。后来，他正在睡觉的孙子也起来加入我们正说的话题。

杨：您就简单说一下太平歌会吧。

尹：我是1957年十七八岁的时候开始练的。当年太平歌会在北辛安文化馆演出过。我是跟闫殿全学的，是丑鼓，扮上相是1962年。当时我们那拨人心盛，是太平歌会鼎盛时期。人们都说，古城村的太平歌是自己叫好，不入耳，词儿不是一般的戏词，不容易流行，就是难普及。各个角色，各有各的唱儿，年轻的不爱学，所以没能传承下来多少，现在就以动作为主了。我是敲鼓的，《大五佛》《小五佛》还都会唱。

扮上相，陀头就好像头发散乱的武松，狂猛，什么都不怕。小二哥像十多岁的孩子，淘气，也没什么唱儿。公子、渔樵等四个人唱。12个角色里，前边四个是武的，得有棒的，桌子摞板凳，都是硬功夫，都得能跳过去，所以腿子硬的都在前边，像郝玉林（陀头，已经过世快30年了），我们锣鼓四件在最后。刘凤水扮过膏药，滑稽，丑角儿。20世纪70年代恢复的时候是郝殿泉扮演的。

杨：您这拨人里大致有谁您还记得起来吗？

尹：前边四个人是：陀头，田连荣；小二哥，闫广智；公子，李德水；老坐子，闫广财。中间四个人是：渔翁，李殿生；樵夫，李文芝；渔婆，常守成（扮相漂亮，没演多长时间）；膏药，郝殿泉。后边四个人是：俩鼓，丑鼓是我，俊鼓是常守元；俩锣，丑锣是马振瀛，俊锣是常守信。也有些人是替补的：比如李殿春，他是个“万能人”，什么渔翁、樵夫都能扮。田友泉（田洪奎的父亲），也能扮渔翁，还能唱。董文芳不蹬腿子，是在地上走的。

鼎盛时，道南的梁云龙负责召集，成立人民公社后，有活动什么的

都出场演出，一叫大伙儿都干。郝殿银是道北的，他教唱，冬天大伙儿就凑他们家学唱去。

杨：您家还有谁在会里吗？

尹：这是我二儿子尹生旺，今年42岁，从12岁开始就练。30年前，在四队场院和常守元家，开始学的是太平歌。尹生利是我的大儿子，是打鼓的。他和他的儿子小鹏都是石锁会的，先前是太平歌会的，是因为扮不上后来就转到石锁会了。生利是跟着梁占富学的，由于我家离梁家近，所以他指导得多，安文秀也指导过。打鼓主要是靠耳音，加上手下腕子的灵活性。这是我孙子小鹏，小镲锅，9岁开始学，10岁的时候，也就是2006年第一个中国文化遗产日时，跟着石锁会参加了石景山区举办的文化遗产日纪念活动，上台表演，也上过妙峰山。

◎ 前排左起：尹生利 、尹福海、 尹生旺，后排尹鑫鹏 ◎

四、马振瀛

采访对象：马振瀛，男，81 岁，原老古城后街 8 号

采访者：杨金凤

采访时间：2013 年 8 月 12 日上午

采访地点：马振瀛家

81岁的马振瀛身体挺好，连着唱了四首太平歌，是1984年他唱过的，现在还能唱，只是记不住词儿，得对着歌词唱。说到高兴处，老人家拿出练武的家伙什儿给我们表演一番。他老伴儿是太平鼓队的。

杨：您以前在哪档会里？

马：太平歌会。15岁好上这个了，古城的孩子都得会唱“哎吼”。小时候特别喜欢，几岁的时候，一下课就跟着12个人一块儿瞎蹦。我们老师叫姜沛恩，老师不在的时候，我们把桌子弄在一起，在桌子上练，有专门的人在门外看着，老师一来，大伙儿就解散。我们用纸条当胡子，盛鱼的盒子当锣敲，玩得可欢了。

◎ 马振瀛在家中演练 ◎

我开始学的是公子，跟郝殿银学的，他要活着现在得100多岁了。跳八仙桌子、跳板凳都行，小20岁的时候，我在小学校跳双杠，摔了左胳膊，就改成打鼓、打锣了。后来村里有了五虎少林、耍狮子后，我就参加少林武术会了。1957年，我扮演过公子。太平歌会现在还有李文芝、李德水是纯老号的。

杨：鼓点儿还记得吗？

马：记得。谁家有点事儿，婚丧嫁娶都去。结婚敲打回香点儿，死人敲老四点儿。灵前打三参，打三回《参亡灵》，这些都忘不了。15岁在郝殿银家和街上练，我们还上焦化厂二高炉去演过。

杨：跟您一块儿学的还有谁？

马：还有闫殿秋，他有个小铺子，走会总出钱。他唱渔翁，哪个唱儿他都会，我们也去他那儿学过。我们也上郝殿银家学去，刘文水、刘文清、梁云龙、田友泉也去。1960年，我和梁云龙从古城骑好几十里地的自行车，上城里大北照相馆还照过相。

杨：您父亲会唱太平歌吗？

马：会。我四岁时父亲就不在了，据说他扮的是渔婆，叫马如祯。

杨：您现在还会唱几首太平歌？

马：能唱《一书生》《访故交》《武扇》《参亡灵》《游山》《游春》《壮士拉马出城西》。郝殿银会唱《好外交》。我不但能唱，有些过去学过的武术动作还记得住。

◎ 1960 年马振瀛在大北照相馆留影 ◎

五、郝殿泉

采访对象：郝殿泉，男，77 岁，原老古城西二区 31 号

采访者：杨金凤

采访时间：2013 年 8 月

采访地点：郝殿泉家

我 11 岁学高跷，12 岁开始蹬高跷，在曹德水父亲家练。开始练是在地上走，先走着练，十几个人走出队形来。走好了，以后才能上跷呢。我扮上公子，每天等 12 个人来齐了，曹永贵指点我们怎么站队形，怎

么走变化，上曹家去走圆圈，用马车的围灯，放外头照亮。那时曹永贵60多岁，他是太平歌会的都管。我晚上走完队形，白天有工夫自己蹬去，高跷是曹都管他们出钱买的。

五几年头一次，那次是郭兰英上衙门口表演，我们也去了，那会儿我是最小的。现在活着的有李德水，李殿生故去了，闫广财、闫广智、马振瀛、常守元、尹福海是后来的。李殿春、常守成在我以后，他扮渔婆和打鼓的，还有田连荣，扮打棒的。西头尚玉比我们大得多，比我大20岁吧，扮过樵夫。老人里头，曹德江开始是太平歌会的公子，跟尚玉是一辈的人。闫玉崙扮演过公子。刘富才扮渔翁，刘富金扮打锣的，刘凤水的父亲在我们两届上头。闫殿金扮陀头，闫殿荣扮过小二哥和陀头。我们上辈扮膏药的是闫殿华。

“哎吼”，老古城的孩子都能唱，以这个为自豪。

◎ 郝殿泉（右）◎

六、闫广智

采访对象：闫广智，男，73岁，原老古城南街37号

采访者：杨金凤

采访时间：2013年8月

采访地点：闫广智家

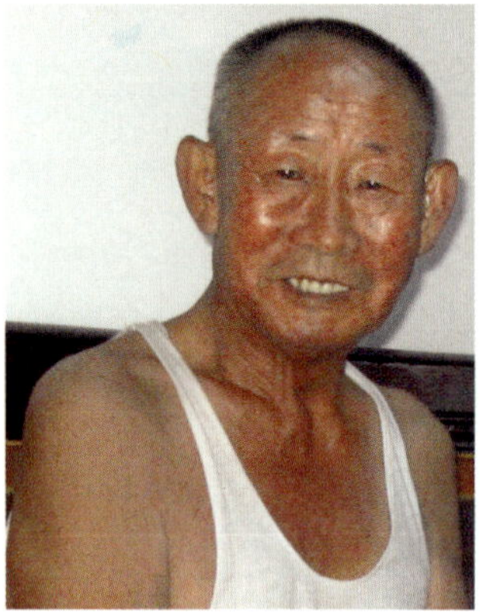

◎ 闫广智 ◎

1959年我19岁开始练的，扮小二哥，平常在李德水家练，练好了再上郝赶年（郝殿银）家。自己得玩够什么标准，会头才让扮什么。郝殿银让扮，先让唱几句，唱不好不行。

我是古城街头一个开车的，1958年学的车，1959年开上车，当时有师傅教，是“七一社”的，庞村的师傅，叫高文，他已经过世了。我表演去过北辛安、麻峪、首钢，麻峪那次老会都去了，太平歌、石锁、钱粮筐，还有秉心会四个大筛，当时太平鼓没去。那时候村里有人打太平鼓，但没正式成立会。1969年练爬杆、狮舞，我就练了27天。

我父亲叫闫怀，是生产队的队长。当时有东队、西队，他是西队的队长。

1962年到1965年我跟着走会，后来开车想歇工都歇不了。那会儿，我叔伯哥闫广财扮老坐子、李殿生扮渔翁、李文芝扮樵夫、李殿春扮老坐子、常守成扮渔婆、常守元扮打鼓、尹福海扮打鼓、李德水扮公子、郝殿泉扮膏药，陀头是田连荣，郝德振扮打锣的，马振瀛也扮过打鼓的。梁云龙不扮装，组织活动。常守信比我们早，刘文水拿旗子的，六几年郝殿银是会头。李德水和刘凤水的父亲扮得多。那会儿，我们蹬高跷好的能背、切跟头，搭象楼，能捡起来地上的钢镚儿，自己一点点起来，现在不行，怕出事儿。郝殿泉、郝玉林也扮过陀头。

麻峪有会，他们跟古城打的是一套高跷鼓点儿。

李殿春拿鞭子跟别人不一样，相片里能看出来拿中间，后来李殿春小车会学瞎子。小二哥鞭子拿中间好看，鞭子不拿头。

七、闫广胜

采访对象：闫广胜，男，60岁，原老古城西井街2号

采访者：杨金凤

采访时间：2013 年 8 月 1 日

采访地点：闫广胜家

在场人员：田有军

闫广胜是目前太平歌会的会头，60 岁，还能上跷走，能唱几段太平歌，从 2004 年古城村秉心圣会申报非遗项目开始认识他，他是为会里事儿特别热心积极的人。

◎ 2006 年 6 月 10 日闫广胜参加中国文化遗产日表演 ◎

杨：听说现在太平歌会的人能上跷走的不多了，能在跷上边演边唱的更少了？

闫：古城村蹬高跷岁数最大的是梁云凤，当时 67 岁，扮演樵夫，他的孩子都 44 岁了，也蹬高跷。太平歌会应该是一边蹬一边唱，但现在能唱的人很少，只会蹬不会唱了。像李德水、李文芝他们 80 岁的人了，是只能唱不能蹬跷了。学唱不容易，我当时买了个录音机，让三大爷（常守元）唱，我录下来，一边干活一边听。学唱，忒吃功夫，别人基本都唱不了，我还能唱，现在 60 岁了，睡觉前躺炕上还要把词儿过过脑子。

唱行，但唱之前来个道白，把词儿念会了那更是个功夫，“唱会了词儿，差不离儿”，是说能把词儿背着说出来。

2005年走会，在妙峰山有两个日本记者跟了我们一天，散场了还追呢。当时不用卸妆的人全走了，记者追着我们非要聊聊，硬是从妙峰山跟着我们到村里来，那可是好几十里地呀！我还没卸妆，脸也没洗，怎么聊？日本记者坚持不走，我只好在居委会洗了把脸，陪他们去吃饭，当时有田洪彦、郝玉春、马振才和我。两个日本记者说汉语，是研究中国民俗文化的，他们追了我们一天光看表演也不知唱的什么词儿，没法下笔写，影像留下了听不懂歌词。吃饭的时候，日本记者问我们：“你们说秉心圣会有300多年了，可你们表演的时候怎么穿着清朝的衣服，清朝到现在200多年，还差着100多年呢？”我说：“这事儿得这么理解，秉心圣会总的是300多年，太平歌会是分会，是秉心圣会的一部分，分会成立时间短，明末清初成立的。”日本记者觉得这理儿说得通，又问：“那你们这12个人都是什么角色呀？”我介绍说：“对这12个角色从哪儿来的，都代表什么说法不一，有老辈人说是三打祝家庄，也有的人说是打鱼、砍柴的一家子，老年间还有别的一些说法。”日本记者真是刨根问底，接下来又问：“你们这12个人物不是一个朝代的呀？”我说：“这是各个朝代的代表人物，凑一块儿的。”日本记者听完了连连点头，说是有道理。后来还有美国人也来采访过。

杨：你们的演出服是买的？

闫：我们先给大家量好衣服的尺寸，统计好鞋的号码，然后跟马振才我们几个人一块儿到城里戏装社定制，都是搭自己工夫去。开车去妙峰山，到河北沙城定制锣鼓，汽油都是我自己出。

会上的事儿那么多，靠的是玩角儿热心，会上的钱是大伙儿凑的。有一次，我说走会还缺资金，郝洪友问：“您说吧，缺多少钱？您说个数。”我当时真不好说。郝洪友又说：“那就给您1万吧。”这是2005年春节前的事儿。郝洪友的二哥郝洪贵以前扮过角色，当时也给了5000元，其他人像郝殿旺、郝玉玺等人都给过钱。

我老伴孙凤珍是通州的，他们村里也有会，每年正月十五我去看，回来拿出录像来给大家讲人家的跷技。通州光走高跷，不唱，他们也知道有唱词。

杨：您多大开始练的？

闫：小学三年级。“文革”的时候村里大喇叭广播不让练了，董文寿就让大伙买瓦刀、木匠工具，我们就跟着他学瓦匠、木匠去了。我们是1978年又开始练的，重新组织在村里走会的，在五队场院。现在太平歌会最大的67岁，最小的44岁，再下边没人练了。我小的时候是真下功夫，爱学。我为了学摔跤，记得还给刘文明买“海河”牌的香烟，两毛八一盒。刘文明摔跤、爬杆、耍龙都行，我一门心思想跟他学。

六几年，古城村和高井村、麻峪村关系都好，麻峪村姑奶奶在古城村的多。当时麻峪村和高井村同时请我们去演，结果我们答应麻峪了，可高井那边已经通知了村民，没办法高井就请了别的区的，之后就再不请古城了。古城的会在区里算是老会，可见当时我们村的会在区里多兴旺。

太平歌的12个角色都是有队形的，跟足球队站位一样，陀头一给信号，就知道往哪儿站。1988年，古城大马路宽，我们素装绑着腿子，从老古城小学走到古城地铁再走回来，练腿劲儿。

八大处表演那次最累，1995年左右，区里“双拥共建”慰问解放军，我们在军区院子里头表演，完了让我们接着蹬着高跷上八大处，八大处那大坡，我们蹬着腿子上去的，在大山坡的平台上表演。

杨：您也给大伙儿做过高跷腿子？

闫：做过，历来高跷腿子都是我们自己做的，2006年最后一批，我和郝玉春画的线，大跷一米五，小跷一米二。1996年那批高跷油的是绿色，在我弟弟闫广庆工地做的，棒好，有样。我弟弟闫广庆是扮演渔婆的。好跷必须是用紫心儿杉篙做的。1996年，夏天正热，是下午去的，我们一

◎ 太平歌玩角儿们，左起：刘凤水、田有军、闫广胜、尚长龙 ◎

人做一副，靠墙根摆着样板，十几个木匠一块儿赶，剩下的木头做小腿子。2006 年的木头是郝殿会拆了四间房，把拆下的杉篙贡献出来的。郝殿会原来是会计，那时不走会的时候，钱得有人管着。我们挣钱走会，就是上南水坑那边种白薯、种玉米，种了卖，5 斤白薯卖 1 斤粮票一毛二；冬天走好几里地筛沙子，水屯那边，不同大小的碎石，单堆着，等春天了，有施工的工地了，再卖出去。沙石厂的厂长是古城村的闫禄，他帮着卖。爬杆的、太平歌的、石锁的等会都去，就是为了玩，筛一吨沙石才 3 毛多钱，买鞋、买衣服用。

八、郝殿春

采访对象：郝殿春，男，61 岁，原老古城前街 114 号

采访者：杨金凤

采访时间：2013 年 8 月 6 日下午

采访地点：常守智家

杨：听说您以前功夫不错？家里长辈有人在会里吗？

郝：我从 12 岁开始玩，能跳八仙桌子搁板凳，板凳上摆着茶壶、茶碗。从六几年开始演到九几年都玩，2000 年得了病。

我爷爷是打铁的，打小农具的，给会里做抬东西的鼻子等活儿。常守明的父亲是我舅爷。我父亲郝德华捧过娘娘驾，也拿过大筛，父亲还跟常守厚抬过筐，是引会的。早年间，走完会娘娘驾搁到妙峰山老娘娘座位底下，开光以后，隔年请回来，再捧回去。说起来我们家也算世家。一走会，全家老的

◎ 郝殿春 ◎

少的都跟着忙，能演的就演，不能演的就到妙峰山下等着给我们走会的玩角儿们支锅做饭去。他们是先走一步到妙峰山，会一来就熬粥、煮挂面。

杨：您还知道会里其他事儿吗？

我的太爷叫郝廷勤，他在会里是保都管，管会里后勤事务的。这几档会的碟子、碗等，走会这天他要先用筐挑上妙峰山去。

◎ 1988 年踩街，郝殿春表演跳板凳 ◎

我也跟大爷常守智学了点儿唱，能唱，唱不好。我一直在太平歌会，扮小二哥，大伙儿都说我扭得好，腿子棒。

每次走会要先出告示，写着古城的会什么时候起会，先到麻峪再到三家店、南仲，按照告示哪天走到哪儿，在哪儿献档。

杨：您知道妙峰山立碑的事儿吗？

郝：1988 年，全村老少爷们一人拿 10 块钱，凑钱买了一块大石头，抬着去石府村刻字，刻好了再抬到妙峰山去。那时候妙峰山还是石头路，把石碑从山下抬到庙上去，立起来。

在会里的，都得有点儿真本事。就说钱粮筐看着简单，抬的筐里头要放块石头，这石头得够 15 斤重，只有这样才能把筐抖起来呢。再说踩跷，我练功的时候，也上过大马路，在马路上跳大凳子，摔狠了，脑瓜子着地，大凳子得一米七八高，我脑袋冲下戳在地上。

杨：那时候家里都穷，练的时候每人都有鼓吗？

郝：哪儿有鼓呀？我总看到李文钰他们在廉家大院后门门道敲石边，那儿有块大石头。用石片敲石头边儿，练习敲出文场的鼓点儿。就算有了鼓，也是小孩的小鼓，比烧饼大点儿。李文钰那时候八九岁，现在六十一二了。他现在打鼓是主力，鼓师。

我小时练高跷，找两根木头的门框，在上边钉俩大钉子，脚能踩住，绑上就当高跷腿子走。那次费了一天的劲儿刚钉好一个高跷，把用门框做的高跷用草绳子拴腿上，就让我三叔告诉我爸了，我爸气得给砸了。

杨：为什么不让您蹬？

郝：我们家就我一个男孩，全家当宝贝疙瘩。1964 年跟着走会，刚开始扮演小膏药，太平歌会本来 12 个角色，结果加上我成 13 个角色了。小时候我活泼，大人都喜欢，走会时就让我扮上，后头跟着。当时郝殿泉是膏药，他赶大车，老看我自己偷练，就把我叫到会里了。

从上军区演出那年我就开始当小二哥，走跷不能怕摔，干小二哥得豁得出去，小二哥打头。陀头也是打头的，公子、膏药、小二哥、陀头得腿子硬，跳茶桌全过去，这档会就带起来了。走起来要在前边活灵活现的，后边一响家伙才带起整个会档，如果跟冰棍似的，不行，气氛就凉了。别个黄瓜架什么的玩意儿得样样齐全，瞧着大凳子、八仙桌子就发怵了，那可就完了，你得瞧着就想过去，人家把八仙桌子横在路当中了，不能含糊，就得跳过去。

记得八几年走会，前边茶桌都跳过去了，郝玉柱家摆一个茶桌，到闫广胜家门口摆了三样：大凳子、圆桌、大凳子，我们一猛子跳了三样。

杨：您这一身好本事是怎么练出来的？

郝：其实是摔出来的。后来村里人夸我演得好，我那真是下狠功夫了，偷偷摸摸练去，拿起腿子绑起来就走。原来古城大队有个编织厂，大门口新抹的洋灰地，我放一个大纸盒子，往过跳，一下就摔那儿了。脑袋上摔了一大口子，也不敢告诉家人，晚上老老实实躺炕上，朋友给我脑袋上糊的牙膏粉，也没去医院瞧去。结果让我奶奶知道了，她说这口子可不小。那时候我们家小瓦罐里有电石的面子，她给我糊上，那叫烧得慌，离春节没几天了，就开始走会了，是九几年的时候。恐怕我爸知道，可还是穿帮了，一块儿玩儿的朋友去了，进门就喊："哥摔得怎么样了？"这下让我爸听见了，我爸一看，非让上医院，我也没去。一会儿李殿刚又来了，拿着云南白药，他说："找个细篾儿把牙膏粉刮下去，上白药吧。"当时两个高跷腿子也折了。

还有一次在麻袋厂，我晚上练高跷，一跑黄瓜架，一蹲腿子就折了，摔得也挺惨。还有一次，一条腿迈过桌子去了，另一条腿没过去，在桌子这边，谁料到前边腿子突然折了，我一点儿没防备，整个人摔了出去。

那时候20多岁，身体轻，不怕高，胆子也大。我跳过去跟猫步一样轻飘，不像别人，“咚”的一声，我轻轻就过去了。

现在再培养人，不好弄了，都独生子女，谁敢让孩子弄这么危险的动作？我们那时候真是背后下功夫。

九、刘凤水

采访对象：刘凤水，男，59岁，原老古城前街53号

采访者：杨金凤

采访时间：2013年8月

采访地点：刘凤水家

刘凤水是扮陀头的，采访的时候在董文寿家。我说大伙儿要有过去表演的老照片最好，他说家里有。于是，约了下午到他家。看刘凤水陀头造型，以为他是个粗拉的人。哪知一看他相册里收集的照片，才看出他是那么细致。2004年复会时候的小册子，他剪了装进相册，有报纸登了秉心圣会，他也剪下存在相册里。特别是他穿过的演出鞋，刷得干干净净收起来。

杨：听说您家是三代“锣鼓匠”，多大开始接触高跷的？

刘：我六七岁开始蹬，当时是矮跷。第一次走会在村里，是我大哥刘继忠和常守元组织的，我与尚长龙是打锣的，后来和郝彦林搭档，也是一对锣，当中扮演过小二哥。1983年第一次去的妙峰山，先到万缘同善茶棚献档。我爷爷刘玉和是打鼓的，我爸爸刘富金是打锣的，我大爷扮樵夫，村里人说我们家是三代“锣鼓匠”。

七几年我们去鲁谷演过，杨维琦给照的相。八几年在古城大街演出我也参加了。

杨：您练的时候摔过吗？您父亲给您讲过从前走会的事儿吗？

刘：都得挨摔。有的摔个满脸花，一回就不练了。我也挨过摔，过去跳桌子、板凳的，好跳，那时候是土地，涩，一跳过去，土地一嘬一个坑，柔软性好，摔的少。七几年村里修了马路，地面滑，爱摔跟头。

◎ 郝松林（左）、刘凤水（右）在老古城前街 ◎

◎ 刘凤水在妙峰山练习 ◎

八几年我在老古城前街粮店房门口摔过一次，新买的服装，大辫子是尼龙绳子的，我一跳兜住腿了，摔坏了膝盖骨，后来就改小二哥了。我和闫洪金以前是一对锣。

我七岁的时候在自己家，跟一帮小孩子蹬着玩，我父亲也指导我。练得好了，到会上才能分个好角色，会头要根据你适合哪个角色才让你扮。一般渔樵以后的，是功夫弱一些的，公子、陀头、小二哥、渔婆、樵夫、膏药、渔翁都是要跳八仙桌的。有的跳八仙桌加上板凳，后来就是圆桌子了。九几年，会员家门口摆茶桌，旧时都是八仙桌，桌子上冬天有茶水、花生、瓜子、烟什么的。我父亲“文革”头一年就蹬了一回。我们这一拨子里头的人，60多岁的，从小练过的，绑上就能走，要跳板凳演花样，就得练一个多星期。我1971年到焦化厂当工人，从大队招工招走了，所以每次走会前都是早晚儿练。参加春节走会，文化局或者大队给出证明，我上焦化厂请假去，算上班。陀头闫广利，是闫广胜的叔伯哥哥，也当过陀头，郝彦林是锣。另外，有一年我们跟文化馆马老师借过猴戏的行头，我跟金洪栋一起去借的，他原来是区广播站的领导，我们穿上各种服装上古城大街演出。

搭象楼、拉骆驼、推小车、打鼓、走交叉，当时是小孩一起玩。第一次上场演，父亲是打锣的，我跟着父亲学的锣。打锣的也有唱，一般年轻的都不唱，父亲那时候唱。现在到妙峰山也就剩下号佛的群唱，我们跟着大伙儿一起唱。

父亲说，五几年的时候，石景山区开会，在苹果园露天剧场，好多大台阶，古城村太平歌会的人能一级级跳上去进场，其他村的就不行。

杨：看得出来，您特别喜欢这会。

刘：是。每次演完我把衣服都洗了、熨了，还常拿出来晒。鞋舍不得穿，刷干净留着下回用。

杨：谁给你们化妆？

刘：以前化妆的是闫明、梁家老奶奶（陈金环），还有我们村住白庙的陈连海，大伙儿叫他“眼镜陈”。文化馆王玉娟也给我化过妆，上龙潭湖等地方演出都是她给化妆。

杨：看您精心保留了这么多相片，都是谁给照的？

刘：村里的杨维琦，我们俩一年当的工人，我在太平歌会，叫他来照相。八几年黑白的，他到大队部洗，我也跟他一块儿洗过。黑白的自己洗，能洗大一些。杨维琦自己做的洗相片盒子，后来他自己买了放大镜，再给放大，晾干，裁好了，分发给大家。我们白天走完会，他晚上就去洗，他不嫌累，热心，搭工夫。

◎ 刘凤水 ◎

杨：您现在还能跳吗？

刘：危险的动作不敢上了，跳桌子、板凳不行了，踩街还行。过去跳的八仙桌、板凳比现在的普通板凳还要高呢。过去玩也没上保险，全凭胆子和心气儿。

十、尚长龙

采访对象：尚长龙，男，60岁，原老古城西街6号

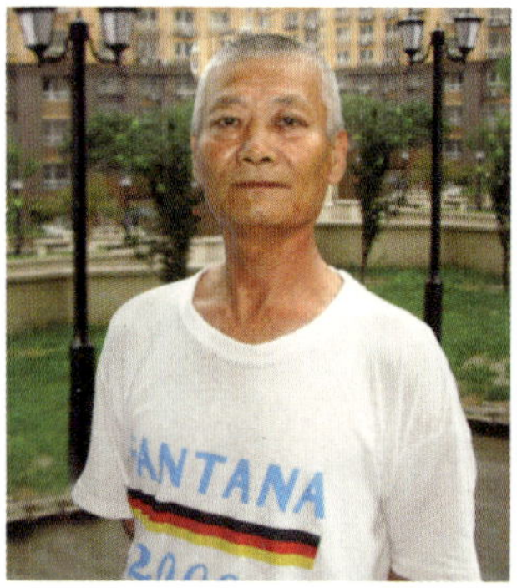

◎ 尚长龙 ◎

采访者：杨金凤

采访时间：2013 年 8 月

采访地点：董文寿家

我是文场打锣的。那年月半大的孩子们认识不认识的，都凑一块儿练。我后来在队里干农活儿，开过拖拉机。1973年后上首钢了，也种过白薯，为会上攒钱，走会的时候买吃的。以前没什么文化和体育活动，吃的也差。别看吃的是窝头、棒子面粥，吃完就从家出来，脑袋里也没私心杂念，就惦记着玩，其实就是练功夫去，也上大马路走过。

十一、郝玉春、王新芬

采访对象：郝玉春，男，67岁，原老古城前街97号

王新芬，女，69岁

采访者：杨金凤

◎ 郝玉春 ◎

采访时间：2013年8月14日

采访地点：郝玉春家

在场人员：马振才

杨：听说 1985 年做那批高跷的人里有您？

郝：我是木工，为了做腿子，每天请半天假回古城村。当时我退休后在丰台上班，请假就得扣工资。我请了20多天，回村做腿子，没报酬，就是为了在走会的时候有新腿子蹬。凡是在会上的人都尽一切力量，像马振才。管会，人得好。常永

富当会头，耿直，是总会的，徒弟是田茂堂，三家店有一个人也是他徒弟。郝殿银（郝赶年）开始生活也不富裕，靠干出来的。他腿子好，文武全才。有一年他从门头沟拉了煤，在城里卖了，把钱直接到天桥买杉篙了，拉回村给太平歌队做高跷。对会，全村人有钱的出钱，有力的出力，这样会才能巩固，才能传了这好几百年。我1962年参加太平歌会，也自发去筛沙子，到生产队种自留地，攒钱给会里买东西。

我是打鼓的，俊鼓。我们那拨有闫玉常（已故），陀头；闫洪华，小二哥；闫玉福，公子（闫广胜比我们小一拨）；闫广平，渔婆；闫洪利、潘玉贵，渔翁；田俊原来是狮子，后来到太平歌会的；常守元，打鼓的。刘福金总是补一个锣，我和田云龙打锣。梁云凤，樵夫；闫广福，膏药。

我是在闫洪利、郝殿银家练，后来在后街生产队的托儿所练。郝殿银能唱，六几年教我们唱，他唱公子，其他几个角色他都能唱。

郝殿银媳妇是麻峪南街刘家的，当时郝殿银还是个穷小子，他扮演公子，麻峪村请我们去演出。刘家闺女瞧上他了，就托人说媒，嫁给了郝殿银。他腿子好，嗓子好，扮相好，作风好，技巧好，能横着跳过马车去，走会还常常自已解囊。他唱《游春》。

现在，找了几个年轻的人，已经开始练了，五六个人，以年轻的为主，不能把过去好传统丢了。

◎ 郝玉春、王新芬夫妇 ◎

杨：您是什么时候开始负责腰鼓队的？

王：九几年。有一天，闫明找我们几个，他是太平歌会的老玩角儿，是马淑云来找我。闫明说村里早前有腰鼓队，咱们恢复起来吧。就这样我们几个就开始找人，那是1994年。1996年，我们跟大队联系，大队给我们买了鼓和衣服，30套。腰鼓队参加过好多次区里和街道的文化活动，到古城街道办事处踩街三回，村里婚丧嫁娶的都请去敲。我是腰鼓队队长，没什么文化，就是有热心，愿意把事儿做好。

十二、闫洪生

采访对象：闫洪生，男，58岁，原老古城前街16号

采访者：杨金凤

采访时间：2013年8月27日

采访地点：老古城后街社区居委会

我是1982年开始玩太平歌，扮打鼓的，丑鼓，玩到现在，别看快60岁了，要再组织也能蹬，就是跳茶桌玩不了了。

我爷爷闫德也是会上的，热心肠，跟街坊四邻不吵架，但脾气大。我们去妙峰山早晨4点就做好饭了。我1974年12月当兵，1978年4月回来，就上社办企业了。家里从前摆过茶桌，一到走会，家里大人主事儿的就忙活上了，一定要摆。1979年我爷爷去世。

◎ 闫洪生 ◎

杨：四面大筛是您爷爷在“文革”中保护起来的？

闫：“文革”时，不让玩儿花会了，当时我们家有好多吹鼓手用的东西，小喇叭什么的，四面大筛在我们家。那时候，农村家家有地炉子坑，我爷爷就把四面大筛藏进炉灰坑里，上面盖上木板子。他怕时间长了长锈，有太阳的时候就偷偷拿出来晒晒，晒的时候上面搁点儿草什么的盖上，不让人看出来。大筛是埋在东屋，家里破土坯墙，土炕占半间屋子，

◎ 闫德 ◎

有木板盖着。几个筛子有200多年历史，我爷爷当宝贝一样，有时候我看着手里痒痒，想动，我爷爷都不让我乱敲。那时候郝德义在古城四队当队长，他上我们家说："大爷拿出来吧，别惹事儿。"他就把大筛悄悄拿走了，放到四队库房藏起来。可我爷爷生气，说："也不是集体的东西，这大筛是大家伙儿攒钱买的，刨地卖白薯买的。"从1968年我十三四岁，四面大筛在我们家保存了十几年。

杨：您也是小时候开始练的？

闫：小时候儿童玩具少，有蜜枣核、弹球什么的。我们不玩儿那个，一群孩子拿两块石头敲着玩儿，跟着李文钰敲石头，不是瞎敲，敲的是锣鼓点儿。

我家有在会的人，踩街的时候就摆茶桌、茶水，有块儿糖、蛋糕、桃酥什么的。如今城市里的会不如农村好，边远一点儿的地方，一入冬大田地一封，没活儿了，就玩儿这个，还能往下传承，城市里就难了。

八几年玩儿的时候，玩儿的这帮人，都组织到我们家去吃中午饭。

我们家里那口子九几年跟着我练过两年狮子。小狮子，郝玉柱家二孩子十一二岁，也跟着练，孩子一工作就不来了。玩儿得兴盛的时候都是在农业社，农民地里干活，时间自由点儿，现在孩子都上班不放假。

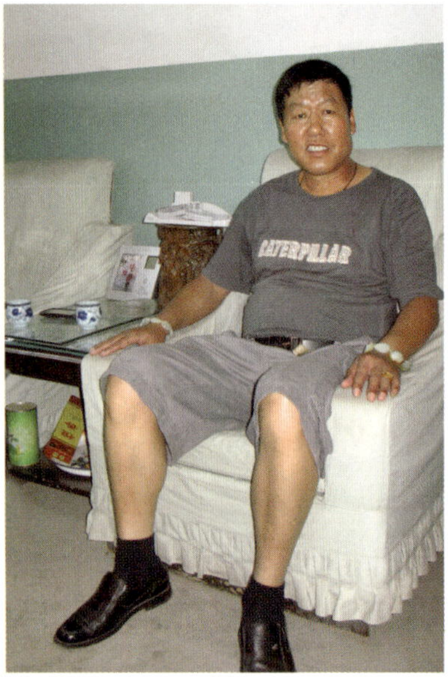

◎ 闫广庆 ◎

十三、闫广庆

采访对象：闫广庆，男，53岁，原老古城北胡同9号

采访者：杨金凤

采访时间：2013年8月

采访地点：老古城后街社区居委会

我1980年开始练，那时20岁，练的时候，把着晾衣服的铁丝走。我们集中在常守元家练。

高跷家里都有，村里有木匠，自己做的。一直到现在，我都是太平歌会的玩角儿，扮老坐子。

十四、郝彦林

采访对象：郝彦林，男，56岁，原老古城北后道32号

采访者：杨金凤

采访时间：2013年8月

采访地点：董文寿家

我七几年开始参加，十多岁开始练，小时候在闫广胜他们家练，他们家院子里有根绳子，我们刚上跷，不稳，就把着绳子练。我扮过打锣的、打鼓的、樵夫。

我是1982年开始上街走的。最早跟我大叔家（闫广胜）练，练这个上瘾，不上学，把书包藏他们家，等放学了，赶紧拿起书包往家跑。

◎ 郝彦林（前排左）与玩角儿们在琉璃渠学校前 ◎

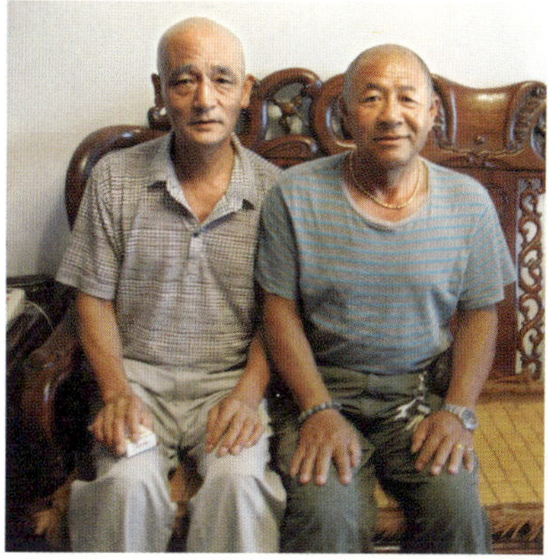

◎ 郝彦林（左）、刘凤水（右）◎

十五、田有军

采访对象：田有军，男，44岁，原老古城前街17号

采访者：杨金凤

采访时间：2013年8月

采访地点：闫广胜家

◎ 2005 年 2 月 10 日，田有军 ◎

杨：您一直在太平歌会吗？

田：我八岁开始练，头一年扮的是樵夫，是1985年，后来一直打鼓。爸爸叫田培源，原来在董文寿家练爬杆。我1983年和1984年跑过两回驴，我是轰驴的，卧驴，跳沟。开始因为我们是小孩儿，走会的时候不让我们上，穿的衣服也不好看，跟着会档屁股后头走。我们开始穿的是淘汰下来的衣服。

1982年在常守元家练，当时有小跷，后来在派出所边上老大队练，也上过大马路。一块儿练的有小海。我后来一直打鼓。

杨：看您这体重得200多斤，走跷累不累？

田：多累也愿意上跷走，谁让咱好这个？那时穷，东西也不好找，走跷得有双好鞋，找首钢的人帮忙找绝缘毛窝（棉鞋），穿别的鞋老绑绳子，爱坏。绝缘毛窝到手了，还舍不得穿，怕把面儿绑破，宝贝似的省着穿。

真是穷找乐儿，晚上7点多到9点多，大家一凑，大冬天的，多冷都练。为了早日能被会头看上，能扮上，平时狠练，就是为了春节的时候踩街时能上去走啊。那在街上一走，心里美。快到春节了，我就找到常守元，我说："三大爷，这回我能不能上？"老找他去，还托人跟三大爷跟前说好话，就为了能扮上角色。

我毕业后在大队干活儿，还跑了几年的龙，八几年以后，跑了四五年。

杨：您跑过驴、跑过龙，还在太平歌会打鼓，见过不少世面吧？

田：参加过北京首届农民运动会、八月十五灯会，参加北京电视台录像。2005年4月，我参加了中央电视台《舞蹈大世界》节目录制，那次只有太平歌会和石锁会的人去了。我敲鼓，尚长龙是膏药，闫广胜是都管，当时因为他胳膊摔了，他拿旗子。刘凤水扮陀头，李殿刚扮公子，梁云凤扮樵夫，郝松林是渔翁，渔婆是闫洪华，小二哥是闫洪金，老坐子是闫广庆，俩锣是马景财、郝彦林，俩鼓是闫洪生和我。

十六、郝殿亮

采访对象：郝殿亮，男，67岁，原老古城西井街28号

采访者：杨金凤

采访时间：2013年8月10日

采访地点：李德水家

杨：您了解太平歌会的事儿吗？

郝：太平歌是古城街的象征。我9岁就知道，村里人都在梁云龙家练。我从20岁开始接触高跷，前街有个大铺子在那儿练，后街在花厂

练，也在赶年（郝殿银）家练。

我1963年、1964年跟队里干活，走会的时候扛板凳，走完会叠衣服。新中国成立后的一代，连着之前表演的人有：

前台：田连荣扮陀头，闫广智扮小二哥，李德水扮公子，闫广财扮老坐子，李殿生（已故）扮渔翁。

中台：李文芝扮樵夫，郝殿泉扮膏药，常守成扮渔婆，刘富金、郝德振扮打锣的，常守元扮俊鼓，尹福海扮丑鼓。

我们这代算是新中国成立后的第二代。

前台：闫玉长（已故）、闫洪华扮陀头，闫广福扮小二哥，闫广平扮老坐子。

◎ 郝殿亮 ◎

中台：闫洪利扮渔翁，梁云凤扮樵夫，闫玉福扮膏药，郝殿亮扮渔婆。

后半台：常守芳扮俊锣（打鼓的人不齐，得配上一个同一代的人，补一个岁数大的），田玉龙、郝玉春扮丑鼓、俊鼓（有时候膏药不在，配郝殿泉）。

杨：您知道 12 个角色的扮相都代表什么吗？

郝：听老人念叨，陀头是武松上梁山，十字坡打店；小二哥是哪吒；公子是西门庆；老坐子实际是潘金莲；渔翁是萧恩，渔婆是萧恩的闺女；樵夫是商朝的无极；膏药是水泊梁山卖药的李春；俊锣是唐朝的樊梨花，丑锣和俊锣一样的唱，丑鼓是时迁。人物要根据唱词判断，不能根据穿什么衣服，唱词是有文化内涵的。

第六节

石锁玩角儿

◎ 赫德义练石锁 ◎

一、郝德义

采访对象：郝德义，男，66岁，原老古城西一区103号

采访者：杨金凤

采访时间：2013年8月

采访地点：老古城后街社区居委会

六几年跟常守智在村西边筛沙子，带上石锁，休息的时候就练。我和常守智一起学的，不会就问问李文学，李文学也故去了。八几年石锁会上过妙峰山走会表演。现在石锁一般重14~16斤，目前常玉增、郝玉山、郝德仁、董景生、安洪均、常守明等一批人是石锁会武场。

二、闫玉江

采访对象：闫玉江，男，62岁，原老古城前街老号50号

采访者：杨金凤

采访时间：2013年8月

采访地点：老古城后街社区居委会

在场人员：常守华、马振才

杨：听说古城村石锁是您爷爷从外边带回村的？

闫：我爷爷闫德财生于清咸丰十一年（1861年），我父亲闫殿忠是光绪二十四年（1898年）正月初三出生的。在我父亲五岁的时候，我

爷爷外出打工带回来的石锁重36斤，是当时村里最大的。我爷爷教村里人石锁，这档会在村里后来就成立起来了。闫殿禄是我们闫姓文场最棒的，武场也行，是老都管，我叫他二大爷，他死后有一张画像。他打鼓不抬多高，声音非常好听。闫殿禄的儿子闫玉崙石锁好，他跟梁云龙关系最好。

◎ 闫殿忠 ◎

1964年是村里活动最热闹的一年，跑驴的、说快板的、摔跤的、打太平鼓的、爬杆的，一队的人多。马振瀛也玩刀，跑驴中李殿春扮傻小子。最活跃的是王立海的母亲。1963年、1964年最全，有好多玩意儿。

杨：其他情况您了解吗？

闫：太平歌会有多少代都说不上来了，我知道有郝殿银、闫广财、闫广智等。走会从东庙出来，倒退别着黄瓜架，狮子蹿出来，公子进去多少回才能把别的角儿引出来，玩角儿都能蹲着别黄瓜架。踩街的时候，桌子上放板凳，凳子上再放茶壶、茶碗，蹬高跷的老辈玩角儿全往过跳。

◎ 闫玉江 ◎

那时候正月十五有灯会，灯都是村里人自己做的，先把秫秸秆熏直了，用蜡火苗烤，裁剪成合适的尺寸，再撅成要用的形。这事是刘文清组织的，郝玉杰、我二哥闫玉海、常守华、常玉杰都参加过做灯。当时做的灯上都带画，用玻璃纸做，画上图案。

◎ 郝德顺（右）◎

三、郝德顺

采访对象：郝德顺，男，54岁，原老古城北后道17号

采访者：杨金凤

采访时间：2013年8月6日

采访地点：常守智家

开座谈会的时候，郝德顺也来了，外面气温三十六七度，他穿着一件大红的背心。常守智说他刚得病一个礼拜。听大家七嘴八舌地说，他一直想说什么，却无法表达。末了，他拿起了大镲打起来，算是大镲替他说了。郝殿春替他说，郝德顺是十多岁就开始跟着学，打镲的，文场，老听锣鼓点儿，回家就敲肚皮去，敲鼓也是先这么练。

四、 安洪均

采访对象：安洪均，男，53岁，原老古城南街55号

采访者：杨金凤

采访时间：2013年8月14日

采访地点：老古城后街社区居委会

在场人员：马振才

安文秀是我大爷，他以前为复会出了不少力，当过都管，跟李文仁是文场。我爷爷安德瑞，个头一米八，在太平歌会，1974年68岁过世，功夫可以，跟郝殿银是一拨的。我爷爷说，他们从妙峰山回来，要去石景山二次朝顶，石景山庙门矮，踩跷的不能解跷，得绑着腿子过去，要不然让人笑话。他们就别着黄瓜架从小门过去，得弯着腰下，那腰弯得头快点地了，老人们都是好功夫。我爸爸叫安文学，他说有一次从妙峰

◎ 安洪均在 2007 年 6 月中国文化遗产日表演石锁 ◎

山走到三家店，三家店的会设障碍，想看古城会的本事，没想到古城的太平歌玩角儿全跳过去了，他们反倒摔坏了。1964年修地铁，挖大坑，我爷爷带着我遛弯回来，摆上板子让我跳。

我六七岁看着大人玩，那拨人有安文秀、我大爷，他们现在都没了。我1979年在常永庆家，跟常守明一起练。他比我早两三年，十六七岁，他爸爸是上两辈的骨干，叫常永庆。80年代我们在常守智家练，第一次踩街是1982年春节。2006年踩街，我在海南干活儿呢，马振才打电话，我二话没说，买了飞机票从海南回来了，其实就是找乐儿。玩石锁上瘾，打心眼儿里对这事儿有感情。

2006年秋天，我开车从房山大石窝经过，看到路边有做石活的，就定做了十几块，十几天后，拉回来为新练的人提供石锁。我们单位的朋友也有跟我学的。十几块石锁都将近20斤，有点儿重了，做成16斤合适。

2005年5月去中央电视台和2010年春节上北京电视台，我都参加了。我还去过顺义、东岳庙。常守明、我和陈月扔得都不错，陈月是顺义的娘家，嫁到这村的媳妇。现在我和常守明对扔，比较到位。抛石锁高的时候达到五六米，抛高空，能接住。我们古城村石锁和天桥的掷子不一样，他们是耍，不抛空。

以前走会，这么重的石锁，走几十里地，老古城人有股子精神。就说从古城到妙峰山，老人都是背着，半道儿还得表演。现在的孩子若能像原来的孩子有精神就好了，别看是玩儿，真强身健体，长志气，也有凝聚力作用。

◎ 常永庆 ◎

五、常守明

采访对象：常守明，男，53岁，原老古城西一区131号

采访者：杨金凤

采访时间：2013年8月

采访地点：常守智家

在场人员：常守智、常玉福

杨：在不少照片上看到了您的表演。

常：受家庭的影响，我爸爸常永庆，石锁会的。我从小看他玩儿，能拿动石锁了就跟着练。

◎ 常守明表演石锁 ◎

◎ 常守明绘制的石锁套路图 ◎

杨：看到您画的石锁套路图了，画了多长时间？

常：画了两年，因为那两年上夜班有时间。2006年、2007年画的，踩街时展示过。

我六七岁开始学画，上前街12号常老师家学。画下这些套路是我对玩的东西有记忆，表演套路都见过。现在画的两幅练石锁的套路图，共20米。先画素描底稿，再拓在布上，最后上色。总的都画下来将近200米，目前底稿都画完了。

六、董景生

采访对象：董景生，男，56岁，原老古城后街35号

采访者：杨金凤

采访时间：2013年8月

采访地点：街边花园

我从十几岁开始练，至今仍每天坚持，并在其他地方教别人。董家人的传统习俗不能丢了。不坚持练，玩意儿就不精了。

◎ 1992年5月1日董景生在练功 ◎

◎ 2004年12月18日董景生石锁表演 ◎

七、董会良

采访对象：董会良，男，42岁，原老古城东街9号

采访者：杨金凤

采访时间：2013年8月

采访地点：街边花园

我从小受家族的影响，董文寿、董景生等都是我们家族的，现在每天都来花园。老的东西不能丢，我也耍石锁。

◎ 董景生（左）、董会良（右）石锁表演 ◎

第七节

钱粮筐玩角儿

一、郝玉来

采访对象：郝玉来，男，69岁，原老古城北后道29号

采访者：杨金凤

采访时间：2013年8月5日

采访地点：郝玉来家

在场人员：常守先、田洪奎、杨福来、杨书君

◎ 郝玉来（右）◎

我从1990年亚运会开始练的，20多年了，抬钱粮筐得有力气。说起古城村花会的事儿，那就多了。有一年，我们的会在大街上，东北鞍钢的太平歌会从我们村过，会碰上会了，我们是从东往西，他们是从首钢门口出来，从西往东，在街里头，遇上我们村的会了。两会各自拿小旗子、小黄旗，两拨人旗子对旗子，老都管说您虔诚了，什么都解了，礼到了。后来他们的会走到郝国山家门口，村里太平歌会的人放了个大板凳，让人家跳板凳，他们高跷矮，都以为人家跳不过去，没想到人家来了个“蝎子爬”，从板凳下头过去了，那真是高难度动作。他们是1958年来支援首钢建设的东北人。他们是跑跷，不唱。人家的意思是你高能跳过去，我矮从凳下蝎子爬过去。当时杨福来、常守先20多岁，都亲眼瞧见了。

二、常守先

采访对象：常守先，男，74岁，原老古城北后道3号

采访者：杨金凤

采访时间：2013年8月

采访地点：郝玉来家

◎ 常守先 ◎

◎ 2006年5月5日常守先（前排右2）参加第十四届妙峰山庙会 ◎

我们这拨人最小的闫洪河都50多岁了。

我是常守智的弟弟，15岁开始学耍石锁，石锁会敲过文场。我叔叔常永庆、常永利和我父亲都是耍石锁的，我哥哥、侄子也耍石锁，过去我父亲和爷爷给会里做饭，一出会，玩角儿一人两毛钱，会外的人一人要五毛钱，吃一顿饭，就出会。做饭的先头走，到万缘同善茶棚，头几年还去过。走完会，跟村外大影壁后头小场院敬香，就散了。

钱粮筐七八十斤，那时虽说吃窝头咸菜，可玩得棒着呢。有一年，从玉泉路到衙门口，再从衙门口走回来，春天刮着大风，那时候年轻有劲儿抬筐，弹起来小铃铛上下飞舞，竹竿子颤悠起来。

复会的时候居委会开会说没人弄，我说我负责。负责是负责，要玩得有筐啊！我们骑自行车到苹果园，打车到门头沟陈各庄，定做钱粮筐。那人是我们家一个亲戚，特意上山打荆条，做了四个大筐。杠子在

苹果园木材厂买的，五米长，得是活竹子做的，青的，没裂口。

太平歌练唱在后街郝殿银、闫殿秋家，闫殿秋是田友泉的师傅。现在会唱的有李文芝、李德水、马振瀛（以前扮公子），我也能唱一些太平歌。

三、田洪奎

采访对象：田洪奎，男，64岁，原老古城后街59号

采访者：杨金凤

采访时间：2013年8月

采访地点：田洪奎家

钱粮筐是后勤保障，里面装点儿干粮、纸等，会里带的东西都放里头。北京看到的香会有挑着的，没我们这么抬着的。我是钱粮筐会的，我爸是太平歌会的，他说高井太平歌是我们街上传出去的，闫广财妈妈是高井的，他大舅传到高井的，他们也唱。

那时会里头的衣服在我们家搁着，还有锣鼓四件。我小时候也穿着衣服敲。

◎ 2005 年 8 月田洪奎家人合影，左起：田洪奎、张淑芹、田友泉 ◎

我爷爷田茂扮陀头，父亲田友泉扮渔翁，大爷田友金扮小二哥。有一年八宝山庙会，咱们街上走会去晚了，大兴的狮子先进去了。他们让古城街唱《一百单八黑》（也有人叫《一百单八鞭》），唱一黑抽一鞭子。别人唱不了，赶紧让我爷爷田茂把大头行卸了，换了小二哥，蹬着高跷骑狮子身上唱，每句唱都得带黑字儿，比如煤黑、天黑什么的。唱完以后，我爷爷把手里的绣球一挑，挑树杈上了。这绣球落到哪儿，对方的狮子就得从哪儿拿下来。我爷爷骑在狮子上，哪知大兴狮子功夫好，一下子就蹿到树尖上，抓住绣球又一下落地。在狮子上骑着的我爷爷吓得够呛，万一半截掉下来可不得了。回来我爷爷得了一场病，听说那边的狮子也得了一场病。我爷爷、父亲都能唱，渔翁和樵夫的歌父亲一般都能唱。徒弟有李永久，人也没了。

我是1982年、1983年开始抬的筐，上衙门口、鲁谷演出，那次有马玉涛唱歌。

◎ 钱粮筐玩角儿，左起：杨福来、郝玉来、杨书君、田洪奎、常守先 ◎

四、杨福来

采访对象：杨福来，男，63岁，原老古城西二区9号

采访者：杨金凤

采访时间：2013年8月

采访地点：郝玉来家

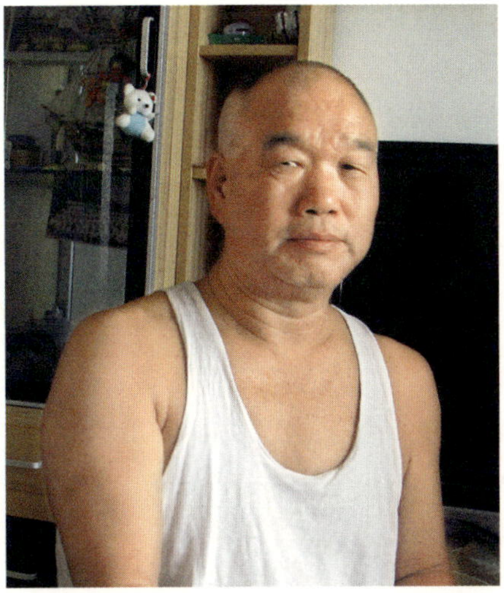

◎ 杨福来 ◎

我八几年走会，那时候有照片，闫玉庆照的。我和田洪奎抬筐表演的照片在原来的跃进食堂马路边橱窗里摆了好几年，是古城街道办事处做的橱窗。八几年我们在古城大街走会，当时有八个人，现在过世的有一半了。现在会头是郝玉来、常守先。

第八节

太平鼓玩角儿

一、王桂芳

采访对象：王桂芳，女，78岁，原老古城村北后道23号

采访者：杨金凤

采访时间：2013年8月9日上午

采访地点：王桂芳家

◎ 王桂芳 ◎

杨：您从哪年开始打太平鼓的？

王：我是古城老户，娘家是后街，婆家是前街。我从记事儿就看村里有人打太平鼓，五几年也有玩的。到过年了，村里对门识户的几个老太太就说打会去。她们就在街上大槐树下打。曹永贵家有个台子，有棵大树，就在那儿玩。那时有冯德海家的媳妇（闫富秀），她们是自己做太平鼓。我们家跟她家住斜对门，有20多米远，我管她叫大姑，她裹着小脚。我没缠足，从1935年就不缠足了。还有闫俊于媳妇（大脚），她们都是老太太了，有个姓尹的老太太是小脚，也在前街住，挨着冯老太太家。晚上没事儿了，她们就在家打。

杨：那时候太平鼓是羊皮的还是驴皮的？

王：是用捡来的洋灰纸袋子自己粘的，拿糨子粘在铁圈上。洋灰袋子好几层，找里头干净的，到大队工地捡的。铁圈是大队加工厂给打的。1994年那时候都是用洋灰纸袋子，后来成立居委会，才花钱买。早先附近村都打太平鼓，我是从1994年开始打太平鼓的。我在居委会待了七年，1993退休了，才有工夫跟着练。九几年以后，大伙儿生活好了，居委会组织，把文艺节目都拾起来了，太平鼓大伙儿都喜欢，吃完饭没事儿，乐和乐和，凑一块儿玩玩。春节走会的时候，我们打太平鼓的老太太们在后头跟着打。

杨：在哪儿练呢？

王：在我们家，北后道23号，家里院子大，屋子也大，屋里冬天暖和，也能敲。有些人来了不会打，我们就教。鼓槌是自己做的，找一根竹子片，自己削巴削巴，弄个穗子，做个花儿，就挺好。花儿是自己粘的，鼓槌头是拿布缝的。

杨：鼓面都不一样？

王：剪下一个纸花拿糨子粘到鼓上，都是瞎琢磨着玩。鼓粘两层，有时候裂口再粘一条子，补上点儿，要不就没用场了，打不出鼓点儿来了。

杨：现在还有人保留着洋灰纸袋子鼓面的太平鼓吗？因为现在几乎找不到洋灰纸袋子了。

王：居委会有旧圈子，找找兴许还有旧鼓。

杨：您能说出鼓点儿来吗？

王：那时候打的鼓点儿是："呛呛呛呛起呛呛"，我们嘴里唠叨的是"小米干饭疙瘩汤"。呛呛咿呛呛，打出这点儿来，才能走出这个步子来。走圆场绕圈的鼓点儿是：当当咿当当，当当咿当当，当当咿当当当当当咿当当， 21个点儿。打完这点儿，就翻一圈过来，再奔前走。圆鼓3个点儿。当当当，当当当。最后反过来是5个点儿，当当咿当当。山鼓3个点儿。 还有套鼓、柜子鼓、拉抽屉、摆荷叶。

二、于淑清

采访对象：于淑清，女，75岁，原老古城北后道3号

采访者：杨金凤

采访时间：2013年8月10日上午

采访地点：于淑清家

◎ 于淑清 ◎

杨：古城村太平鼓队哪年成立的？

于：新中国成立前就有，正式成立太平鼓队是1990年。这个队最初的发起人之一马淑敏已经走了，去年去世的，87岁。新中国成立前敲太平鼓的老人有田金生的母亲、闫秋菊的母亲、冯家老太太。那阵子她们还都年轻，30多岁。

我老家在顺义，1957年年底来古城村的。1990年，马淑敏找到我说咱们把太平鼓拾掇起来。20年前，她已经67岁了，当我们的教练，慢慢她身体不行了，就当我们的顾问。她教我们花样，花样都是她跟着从前老人打过的。我们学的有圆鼓、扑鼓、打三通，一共十多样。她半大脚，会打，但不会粘鼓。我和张淑芹、郭素芬、石桂霞会粘鼓，我们都上张淑芹家粘去。我们这几个人也是太平鼓队的核心人物。

当初组织起来的时候有十二三个人，后来发展到22人。我现在玩三下两下还行，力气不足了。太平鼓队老人多，王文玉84岁，张淑芹81岁了，她还比较精神。刚开始我们在西区的一个空地练，每天都去，练差不多了，去北辛安也打过。每次村里走会都跟着。从2004年开始走的，走了五年，一拆迁就不走了，也跟着走会去过妙峰山、陶然亭。

杨：马淑敏是怎样的人？

于：她要求我们很严格，刚成立会时没有鼓，人也不多，入队就给粘鼓。这鼓挺沉，一个手这么拿着，还得摇晃、抖，做动作，这把岁数

的人，拿一会儿胳膊就酸了。慢慢淘汰了一些人。我们挺正式的，买服装、买鞋、腰带、帽花，1990年是穿个人的衣裳。1991年，三队队长田龙好像给了300块，我就跟张淑芹、郭素芬三个人上前门珠市口买的衣服和头花。

拉抽屉是你出来，我进去，你进去，我出来，有7个点儿、9个点儿、11个点儿。山鼓7个点儿："当当当当咿当当，"先4个点儿，后3个点儿。柜子鼓是9个点儿。我学得比较快，后来我和马淑敏也教别人打鼓。鼓槌用小竹棍子，绑上各种布条，从前是荆条棍。

新队员来了，我们还得帮他们做鼓，后来马振才接手管会里的事儿，就不用自己粘了，给我们买的是羊皮鼓。现在的鼓两斤半，原来的最轻的还三斤半呢。现在年龄最小的也得50岁了，会员都是古城村的。

杨：你们自己粘鼓，用什么当鼓面呀？

于：用牛皮纸的洋灰纸袋子当鼓面，背面再粘上一层小白布，鼓圈还用麻缠上，结实。鼓粘好晾干了，两边都刷上桐油。以前太平鼓是有花儿的，有喜字的，还弄个公鸡、小兔，谁家结婚请去就贴个喜字。在灵前打丧事也有请的，打四参是丧事。现在有新太平鼓，有一帮小年轻的，打的鼓跟我们早先的有的不一样。

◎ 牛皮纸太平鼓（左）、羊皮鼓（右）◎

三、张淑芹

采访对象：张淑芹，女，81岁，原老古城后街59号

采访者：杨金凤

采访时间：2013年8月10日下午

采访地点：张淑芹家

在场人员：于淑清、田洪奎等

杨：太平鼓队刚成立是在您家粘的鼓？

张：我们从工地找来纸，再去找细钢筋，然后上大队让人家帮我

◎ 张淑芹（左）、于淑清（中）、王文玉（右）◎

◎ 2013 年 8 月三位老人手持太平鼓合影 ◎

们弯成圈，上几个铁环，动起来有响声。每次打之前得搁屋外头让太阳晒，要不就潮，声音“噗噗的”不好听，晒半天就行，声音就脆了。鼓槌是用藤条做的，自己再绑上喜欢的布条，弄几条穗子。

我儿媳妇李志芹也打太平鼓，我儿子是抬钱粮筐的。我老伴儿过世了，他叫田友泉，太平歌会的，那时候会里衣服都在我们家放着。我们一家子都好这个。这儿有一张我和于淑清、王文玉照的相片，20多年前在我们家院子照的。

杨：王文玉还健在吗？

张：还在，就是前阵子摔了腿，拄拐了。

杨：那太好了，把你们仨凑一块儿明天拍张照片吧。

张：那得去王文玉家，她走不了。我们拿上鼓。

四、冯玉桂

采访对象：冯玉桂，女，56岁，原老古城前街52号

采访者：杨金凤

采访时间：2013年8月14日下午

采访地点：老古城后街社区居委会

在场人员：马振才、曹文萍

杨：我看过1984年古城太平鼓在古城大街表演的视频，您母亲打得太好了。很多人一说古城太平鼓就说冯老太太。当时还有男的，打得非常漂亮。

冯：我是复会后新秧歌的会头，新秧歌队里也有太平鼓。社区负责人是曹文萍。我母亲叫闫富秀，村里人都叫她冯老太太，1915年出生，属兔的。我母亲那时候和后街的李殿春他们一块儿打，他比我母亲小，他是太平歌会的，男的还有田连荣，他也比我母亲岁数小，打得也好，还有闫玉福、郝殿泉、郝殿富，太平歌队的人也有打太平鼓的。打太平鼓的还有闫玉福的妈妈。在我们家大街十字路口，我七八岁就见他们打。1962年复会，闫明，打拉抽屉，夹篱笆。我妈小脚，扭啊扭。郝玉

◎ 闫富秀 ◎

村的妈妈曹老太太，她个子高，小脚，扭得好看，马振才的奶奶也打过。

大伙儿都在我们家粘鼓，我母亲打糨糊，粘鼓面。在大门道墙上揳的木橛子，挂鼓，南屋也挂上，风干。春节前农闲的时候粘，1962年、1963年的时候，她们常粘。敲鼓用藤子条，那时候的鼓大，60~70厘米大小。沉着呢，男的手劲儿大扭得好，打的时候围着圈，有领头的说，夹篱笆了啊……大家就开始变队形。

我母亲从小就喜欢，她说是跟奶奶辈学的，那咱村太平鼓少说得200多年了。我小时候没见过皮鼓，都是纸鼓，绷起来，晾干了。

杨：您家姐妹几个？

冯：姐妹四个，后来就我和我二姐冯丽英敲鼓。

小时候摆茶桌，我母亲多忙，都把这事搁在第一位，我就觉得挺神秘的。我们家有个木头的八仙桌，田洪彦家也摆茶桌。狮子走到田洪彦家，“腾”一蹿就上房了。马振才家、张义家，东边一大溜都摆，还有大树底下曹宝章家。会档一走到我们家门口，我母亲说：“喝水，吃水果。”我家附近住的都不是一个姓，田、张、马、刘、冯等，都相互帮忙，小孩各家各户瞎跑，赶上什么吃什么。我们家茶桌上放的是自己种的花生，我母亲炒了，用簸箕端出来，招呼大伙儿吃。东西不特多，还有烟，凭购货本买的呢，也有水果糖。

杨：你们有了新秧歌，和老太平鼓冲突不？

冯：新老“花十档”并存。秧歌走了一年的会，后来就改良了太平鼓了，动作改良了，鼓点儿没改，加上秧歌的动作，跳起来特美。

曹：我从上居委会后也开始摆茶桌。我觉得嫁到老古城也是一件幸事。我原来是庞村的。曹玉兴是我太爷，他有文化，字也好，知道的事情多，会讲庞村西庙大铁牛的传说。我嫁过来一看，古城村的人好多在会里，人心齐。走会的时候，有的还放鞭炮、礼花，夹道欢迎，锣鼓点儿一过来就开始放鞭炮，拿着茶盘倒水送手里。我是复会第二年来社区的，现在大家还能住在一起，组织起来走会活动也不那么难。

◎ 冯玉桂 ◎

五、常守珍

采访对象：常守珍，女，90岁，原老古城前街西头

采访者：杨金凤

采访时间：2013年10月3日

采访地点：石府

杨：您父亲是非常受古城人尊敬的常永富，他什么样？

常：他管古城村的三个会（秉心会、石锁会、太平歌会），是三个会的总头，在城里和京西都有名着呢。

杨：您会打太平鼓？多大学的？

常：我父亲总忙那些会的事儿，我老跟着看，就对这些东西有喜好了。我打太平鼓是跟村里的老太太们学的，老太太们闲着的时候就在门外头敲鼓。我十几岁学的，太小了不成，太小拿不动鼓。我们那时打的鼓点儿多了，摇头跪、夹篱笆、圆鼓……

◎ 常守珍 ◎

杨：那时候您用的是什么鼓？牛皮的还是羊皮的？

常：我们用的是羊皮鼓，每年村里都来做鼓的工匠，在村里打响儿，我们一听见打响儿就出来做。做鼓用自己家的羊皮和鼓圈就便宜，鼓圈也用不坏，换鼓面儿就行。

杨：您家里还有谁会打鼓？

常：我有个姐姐，嫁给张学良家的厨师了，她没出嫁前也会打。

六、曹文萍

采访对象：曹文萍，女，53岁，原老古城西井街4号

采访者：杨金凤

采访时间：2013年8月

采访地点：老古城后街社区居委会

◎ 曹文萍 ◎

杨：你们新太平鼓队是什么时候成立的？

曹：我是1983年前嫁到古城村来的，在老古城后街社区居委会工作，被古城村人对传统文化的痴迷所感动，一有活动，招之即来。老太平鼓队的玩角儿们岁数大了，有些新的舞蹈动作他们跳起来有难度。2005年成立了新太平鼓队，从服装、化妆、舞蹈动作都更都市化了。老太平鼓队的化妆现在年轻人不大接受，新太平鼓队适宜参加各种表演活动。目前新太平鼓队有22个人。新老太平鼓队并存，老太平鼓队原汁原味的东西非常珍贵，我们也在加大保护力度。

第九节
狮舞玩角儿

一、董文寿

采访对象：董文寿，男，67岁，原老古城后街35号

采访者：杨金凤

采访时间：2013年8月1日上午

采访地点：董文寿家

◎ 董文寿 ◎

杨：您在狮舞会里扮什么角儿？

董：老古城村是1964年成立的狮舞会。我是狮头，领狮的，拿球逗狮子那人，是狮舞会第一个领狮子的，那时候十八九岁。当时我从古城中学毕业回乡。成立狮舞会的时候，在古城村找练武术比较好的年轻小伙子，选出了八个人，四对狮子，练了一年多。第一次演出在北辛安老剧场，那原来是个老戏馆子。我们在梁云龙家，每天晚上练，练了一年半。

杨：梁云龙会耍狮子？

董：梁云龙会武术，他跟师傅边学习，边教我们。他师傅姓任，在门头沟住。狮子正式走会是在1965年。如今最初的八个人已经没了两个了。那时候在家常年练，练了好几年，我们在家的院子里戳了一根杆子，几个人叠罗汉。

杨：你们还爬过杆？

董：练爬杆是我们自发组织起来的，是受了吴桥杂技的启发，1965年年轻人开始练，闫广胜也爬过。耍狮子古城就出了名了，爬杆又吸引

◎ 1964年常玉芬练功 ◎

了很多人找我学，在我们家院子里练了五六年，每天家里好几十人，学翻跟头，也有小女孩。人多了，怕孩子出事儿，就得家长带着。我们家在后街大1号，我们在院子里挖了一个沙子坑，立了一个杆子。我家院子有一亩地左右，我哥哥叫董文庆，是爬杆会会头，那时他30多岁，我20多岁，家长也支持，闫广胜就让家长带着去。爬杆常守智带着俩丫头常玉芬、常玉桂去，她们俩练起来也特用功。当时有七个小丫头，记得有安文秀家的大丫头安凤云，有田淑华、陈俊萍、我妹妹董文红等。如今董文风、董文庆、闫玉来已经没了，健在的有田培元、刘文明、马殿和、董文田、闫广胜、闫玉明等，以上是主要爬杆的玩角儿。爬杆第一次演出前是在苹果园五一小学彩排，参加“五一”活动。

◎ 董文和、刘振生、陈俊萍、安凤云、田文明在董文寿家院子练习五人叠小罗汉 ◎

杨：狮舞会单有伴奏的吗？

董：狮舞会成立当时没有文场，用的是少林武术会的文场，梁云龙找的马连道的人来教的，来两次就不来了。正好王德奎会打，他带着人打。爬杆文场用的是大鼓会的家伙什儿。太平歌12个人里面带着文场，俩锣、俩鼓。陀头打棒，棒子一响，大家就开始敲。

杨：您家兄妹几个？您带人在院里折腾，其他兄弟姐妹没有意见？

董：我们家哥儿仨一妹。我哥董文庆，我是老二，老三董文和，练爬杆，加上我妹，全练。爬杆，翻小跟头一溜儿一溜儿的。走会都出钱，哥儿仨都出，六几年几块钱，会头出得多。

◎ 闫玉明（前）、董文寿（后）◎

杨：二三十个孩子找您练，怎么管呀？

董：我不光负责他们练功，还每天检查他们的作业，看分数留人，够三分的可以跟着练，不够的软磨硬泡也不行，先回家念书去。我哥董文庆练得苦，抱着柱子往上蹿，达到了杂技的水平。

◎ 田培源、安凤云、董文田、刘文明、马殿和、闫玉来、董文红、董文庆、刘振生在练习叠大罗汉 ◎

二、郝殿宽

采访对象：郝殿宽，男，64岁，原老古城前街59号

采访者：杨金凤

采访时间：2013年8月14日

采访地点：老古城后街社区居委会

◎ 郝殿宽（左）、马如新（右）◎

杨：您在梁云龙家练过吧？多大的时候？

郝：1962年，我13岁，那时农村文化匮乏，一个月放一次电影，没其他文化生活，花会是唯一吸引人的地方。特别是我们这些年轻人，那时候狮舞会和少林武术会是一起的。梁云龙家院子相对大一些，有150平方米左右。每天晚上吃完饭，就去他家练去。一般人齐是在礼拜六、礼拜天。梁云龙酷爱这些，我们很受感动。

我们去了就先号腿，踢12路弹腿，再

练跟头，空翻、后手翻，也称作“小翻”，再打几趟拳。狮舞会每天都会打几套，文场有20人左右。狮舞会、少林武术会将近50人。文场在街上练，在家练太吵了，但也是在离梁老师家不远的地方。我们按照每个人的分工练狮子的套路。地功场有三联凳、五联凳，最高的是七联凳，就是连着一个个跳过七个凳子去。有练梅花桩的，有在方桌上四角练跳的。

董文寿是第一批领狮子的，还有闫玉明。第一批狮子头有田俊，还有陈俊和、陈俊杰。第一批练狮子的时候，同龄的第二批是郝玉芳、郝宏志、郝殿军、闫洪明。我是狮子头，狮子尾是郝玉芳，是本家。另一对郝殿军狮子头，和闫洪明一个狮子。领狮子的有两个人，一个是闫玉明，还一个是郝德平。我们这些人，第一批踩街的时候，我们是搬道具的，梁老师看到我们挺上心的，就收我们练了。当时练得心气儿特盛，为了达到替演水平，每个礼拜六我都跟着去故宫博物院，放学就去，在村里集合，坐337路公交车去，夜里12点多快1点了才回来。当时故宫博物院里有小狮子，他们小狮子练得特好，梁云龙说我们村也要发展。故宫玩小狮子的人是故宫修缮队的，和马连道狮子队有联系。他们练得好，爬杆，那时候修缮故宫用的都是杉木，他们爬杉木特别厉害。小狮子是一个人练。故宫也有大狮子，都是配合大狮子练。1965年我们整练了一年，晚上赶过去故宫管我们一顿饭，我们象征性地交点儿钱。梁云龙是狮舞会的，同时是练少林武术的，他练少林武术和北京市有联系。每次都是他带着我们去，当时去的有十个人左右。那时条件是相当艰苦，我们练功穿的衣服，全是用在沙石厂筛沙子挣的钱买的。记得从古城到西单坐车是3毛钱，到景山好像是8分钱，大约1块钱打个来回。就这1块钱从家里要出来也不容易，因为办的是正事，家里还都支持。

杨：您当村长以后对会里支持吗？

郝：我是1984年当村长，一直到2002年。当村长的时候，负责花会的活动经费，哪年都拿出好几万块钱支持花会活动。开始，我们队里直接管理，包括道具更换添新的、伙食补助等，由我组织。九几年以后交给了马振才，我们大队就是出钱。“文革”以前，花会年年在街上走，后来组织去过衙门口、陶然亭演出。最累的是"文革"以前的一次演出，我们从苹果园运动场走到北辛安，是"五一"，披着狮子皮，走那么远，又累又热。"文革"以前没有龙，龙是1984年组织的。

杨：狮子皮是古城大队买的？

郝：不是，狮子皮是"七一社"的，就是人民公社的前身，那时候有一个农校在八角，当时还是丰台管呢，丰台区政府给置办的一套狮子皮。后来赶上"文革"，狮舞会就半途而废了。去先农坛那次，是参加农民运动会，龙是刘明带着去的，他是龙头，今年67岁了。

1984年踩街，在古城大街，也是最热闹的一年。2005年8月24日，申报市级非遗项目，一下把各档会又兴起来了。不过会要兴旺得有两个基本条件，一是老百姓喜好；二是年轻人喜好，后来也有女同志当领狮的。

◎ 女领狮王朝敏 ◎

三、田俊

采访对象：田俊，男，68岁，原老古城西井街10号

采访者：杨金凤

采访时间：2013年8月14日上午

采访地点：老古城后街社区居委会

杨：您最初练的是什么？

◎ 田俊 ◎

田：我最初是在太平歌会，蹬高跷在闫洪利家，也在郝殿银家学。我和董文凤、陈俊杰一块儿练高跷。我哥哥田军是太平歌会的后勤。我开始练是蹬着腿子扶墙，心里叨念着有娘娘保驾摔不着。玩儿花样就保不齐了，我有一次跳板凳，高跷前腿子和人跳过去了，后腿子打在板凳上，摔个大马趴，半天爬不起来，闫殿荣过来搀扶我才起来。我七八岁就开始练，那时候村里孩子都会。玩得最棒的是闫广智、李德水、闫广财、郝殿全，练到能高腿子劈叉，捡帽子、围巾，后来捡手绢，李德水、闫广智能捡钢镚儿。1957年、1958年那阵儿，就在郝殿银家里面院子练，郝殿银是郝玉莲的爸爸，那时候我才十多岁。我们这些玩角儿能踩着高跷互相背，开始两人面对面，然后两人同时转身，互相背起来。郝殿全、李德水都能背闫广智，田连荣能背闫广财。12个角色里的前头六个都能背，还能表演大背胯、拨跟头，两人最多能连拨三个。

在我们这拨儿人当中，闫玉长（已故）扮陀头，闫洪华扮小二哥，闫广平跟郝殿亮是渔婆和老坐子，闫广福扮膏药。郝玉良属猪的，比我小一岁，扮演樵夫，当时有两个樵夫。闫洪利扮渔翁，潘玉贵也扮演渔翁，还有郝德云、梁云凤、郝玉春。这些人是40年代生人，是一拨的。郝德海扮演渔婆，郝玉良、闫广胜、闫广庆也扮演过，和上一拨岁数差20多岁。田有水也扮演过，四几年和七几年的都混在一起了。郝殿春和李殿刚也扮演过。丑鼓是郝松林。郝彦林、刘凤水是我们这拨的，郝德云扮俊鼓。有的差几岁也上来了，郝德义、梁云凤是樵夫。丑鼓还有郝玉春，他主要是扮膏药，五几年和六几年的一起上。我扮过好几样，上妙峰山，我还扮演过小二哥呢，丑锣、俊锣都扮过。

后来我又舞狮子去了，练狮子是在梁云龙家，当时家长怕孩子在外

◎ 1984 太平歌玩角儿田俊跳板凳 ◎

面惹事儿，都让孩子去梁家学基本功。我管梁云龙叫大哥。陈俊杰、郝殿杰、闫玉明、董文寿、罗小华、常守龙、闫广义和我八个人。我和陈俊和是一个狮子。领过狮子的有罗小华、闫玉明、董文寿、陈俊杰、郝殿杰。陈俊杰和郝殿杰是一个狮子。闫广义和常守龙是一个狮子。但有的时候也换搭档，跳板凳和双蹿我和闫玉明一个狮子。我是头，从房上往下跳。郝殿杰也是头，身子轻。常守龙是尾，闫洪义是头。1962年、1963年那时候就是三对了，他们是在地上表演。

四、郝殿诏

采访对象：郝殿诏，男，40岁，原老古城前街112号

采访者：杨金凤

采访时间：2013年8月14日

采访地点：老古城后街社区居委会

在场人员：马振才

◎ 老古城前街居委会主任郝殿诏 ◎

杨：您几岁开始练的？

郝：七八岁的时候，对过年走会印象深，正月初二上街走会的时候，各档的会沿着前街和村子表演。我们心里一个是期盼着过年有热闹的日子，再有是对狮舞的喜欢。印象最深的是太平歌会，小时候，看着大人在一米多高跷上走，觉得很惊险刺激。板凳搁桌子上，做各种各样的动作，那叫钦佩！他们又都穿着鲜艳的衣服，增加了节日的气氛。

杨：您去过妙峰山走会吗？

郝：最早一次去妙峰山进香是1988年立碑的时候，我爸爸是石锁会的文场，敲大钹的。我跟着去了，这是我亲历的，路程那么远，想想过去老辈子的人走着去，他们更虔诚。那天到了妙峰山都中午了。

我1990年和1991年上郝玉柱家练，文场、武场都练过，王德奎负责文场，有时候他儿子累了，我接大钹。我参加过三次踩街，还记得马振才舞过龙。舞狮子不容易，1994年春节，下小雪，狮子皮全都弄脏了。我们依旧按照老规矩，见茶桌就献档，真是泥水加汗水，那心里也高兴。

我爸在石锁会，他带我上常守智家院子练，文场、武场都在他们家。每年他们踩街，我就追着看，越来越感兴趣，盼着自己亲身参与。起先我是农民，1973年我上二炼钢了，后来又从动力厂转到原料处。不管在哪儿干，说走会，准参加。听郝玉春说，我大爷是赶大车的，总给会里出钱。

耍狮子的狮子头、狮子尾都在皮里披着，露不出脸，献档的时候不许揭开，街上走着也要晃头。

会头郝玉柱管过一阵，后来临时召集，是王德奎管的。文场大钹、小钹收了，拿带子绑上，不敲的时候怎么搁着都有规矩。狮子皮平常保管都得叠放好，东西放在郝玉柱家，后来放在老年活动站。狮子头有灯泡，接上灯泡用电池，表演时眼睛能发光，眼皮能眨，眼睫毛会动，晚上看狮子是亮的。

老人给我们讲老礼儿，狮子皮上不能瞎坐、瞎躺，怕皮脏了。表演中间歇着，别人可以四仰八叉，耍狮子的不行。冬天穿少了冷，穿多了练不了，夏天热，特累，可玩儿着高兴。

每档会里都有后勤轮换抬鼓、扛板凳的，一堆人帮着弄这些东西。我抬过鼓，肩膀不是那个劲儿，鼓行进的时候朝着敲鼓的人，斜着来回歪，一个手扶着一个肩挑，老想换肩膀。鼓30多斤，可是越挑越沉，还晃悠，"远道儿不捎针"，30多斤一天下来，人都要散架了。关键是敲鼓的人敲的时候鼓点儿下去用的猛劲儿往下震，一下一下的，那就不是30斤了。

我父亲想让我去石锁会文场，打大钹，我觉得鼓点儿单调，不感兴趣。小时候孩子心眼儿里觉得狮子比较招人眼，后头跟好多小孩，狮子穿着一身皮漂亮，一心都想去耍狮子。狮子武场有闫玉明，郝德亮管狮子。郝德亮的媳妇也领过狮子，叫赵淑平，少林武术会的。梁炳晨、杨洪刚也当过狮尾。我们年龄相仿，现在40多岁。他是古城的姥姥家，他妈妈练过一阵太平鼓。

甭管你是会头，还是别的什么角色，都搭钱搭功夫，家属也得跟着忙活。梁云龙房顶子修了好几回，长期支持会里。还有郝玉柱、郝殿银、董文寿。1962年、1963年，常守元、常守智、郝玉柱几户接纳会上人最多。闫广胜家也练过。

马：大冬天自己吃完饭，再等人家吃晚饭，他们在院里拉个大灯泡，费电，常守元一共才三间北屋，腾一间放东西。

郝：常守智家是文场，大伙儿天天去。其实每档会各有特点，耍狮子见功夫，你若糊弄能看出来。还有太平歌，闫广胜跳茶桌，一街的人都叫好。高跷得从小练，没胆子、没点儿功夫不行，三四十岁再学胆子就小了。我也绑过腿子，在大胡同练，坐板凳上绑好了，扶着墙走，慢慢胆子大了，自己走，再练下蹲、蹲裆等花样。

我觉得将来传承原汁原味得按照原来的走，不能变味儿。从前太平歌玩角儿前边演着，后边扛板凳的人越多越红火，是全村人最有兴趣的事儿，一年都盼着呢，好不容易到了这日子了，每个人都想展示。

杨：您家里其他人有在会上的吗？

郝：我父亲郝德来，哥儿一个，也是石锁的文场，敲大钹的。我爷爷叫郝国雨，也在会上待过，也是文场的。我大爷郝国云也是会上的。

五、安洪喜

采访对象：安洪喜，男，55岁，原老古城前街72号

采访者：杨金凤

采访时间：2013年8月14日

采访地点：老古城后街社区居委会

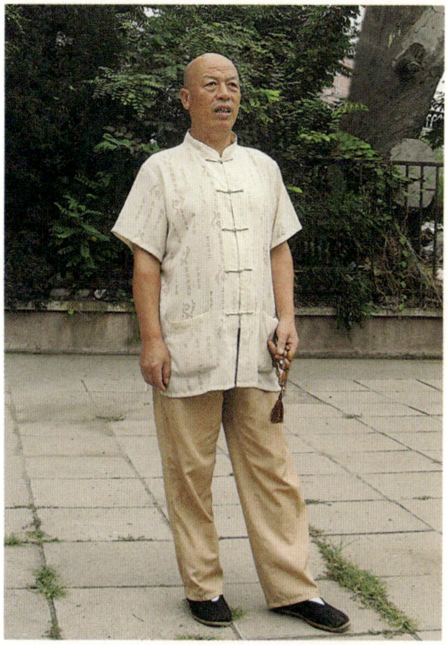

◎ 安洪喜 ◎

安：我是狮舞会的，在董文寿家院子里练过。我父亲1956年在腰鼓队。

杨：村里以前有跑驴吗？

安：有。李殿春、王二斌的嫂子都表演过跑驴，也踩过街，他们那时候是最兴盛的时候。

杨：您多大对会有印象的？

安：我十岁左右。我父亲在狮子里是文场，叫安文兴，他是敲鼓的，还有王德奎、常守华父子、常守信、郝殿余、罗小明。单皮是王德奎，王德奎后边交给了常守华敲。

杨：听说1956年腰鼓队员合影的照片里有您家的人？家里其他人也在会里吗？

安：最早我父亲是腰鼓队的，还有我姑姑也是腰鼓队的。今年我姑姑已经七十五六了。我爷爷过去蹬高跷的，叫安德瑞，是扮陀头的。我爷爷在李德水前一辈，当时李德水他们才十多岁。我爷爷那代的人后来也有跟李德水那辈蹬高跷的。

杨：您都练过什么？

安：八几年练过石锁，练了两三年，后来到狮舞会了，是跟着街上一个兄弟郝玉柱，我们俩就开始组织这个。那些上岁数的人玩儿不了了，我们就找来些年轻的。后来置办的狮子皮，找经费跟和尚化缘一样，各队去化缘。我们是1982年开始玩儿的，闫洲挑的头，以前在会里的安文秀、梁云龙、常守智一块儿促成。1983年又组织起来有20多人的文场、武场。

每年春节走不走会，头前几天就通知，怕春节有串门的不在村，要不就串亲戚去了。正月十五灯会的时候，一般早上八点左右在办事处集合，到街上走就九点了。从古城街道办事处到古城大街，再往长安街走，到八角大桥，走大半天。

六、常守华

采访对象：常守华，男，66岁，原老古城后街9号

采访者：杨金凤

采访时间：2013年8月14日下午

采访地点：老古城后街社区居委会

杨：常家人玩儿石锁的多，您也是石锁会的吗？

◎ 常守华敲单皮 ◎

常：我父亲在石锁会。1955年国庆的时候，村里开着大卡车，庆祝游行上天安门，古城村的也去了，他是石锁会抬鼓的。我玩儿的时候，学习正紧张，1963年上初三，到1965年毕业，古城中学刚成立不久。我们这一家在太平歌会的多，大哥常守信打锣，二哥常守成扮渔婆，我是老三狮舞会文场，叔伯哥哥常守廉扮渔婆。

1964年是最好、最兴旺的一年，也搭上村里有过去“七一社”分的一点儿财产，俩箱子，一个是魔术箱子，一个是狮舞会道具箱子。“七一社”散了，分给各村里，这么好的狮子皮搁着浪费，跟大队一商量，就打算组织人练狮舞，梁云龙就揽起来了。他从马连道请来指导，排练在人家的帮助下开始了。狮子武场梁云龙负责，文场有王德奎和我，还有田培成、田玉春、罗小明。最早的时候就四对钹，文场家伙大家攒钱买的。当时有一个单皮、三对钹，还有一个铙，买了只大鼓。跟着大队拉酒糟的车去城里买的。李振坤也没少卖力气。买东西那时都上前门，有响器店，去珠市口买，服装也在那儿买。1964年石锁、秉心，都有吹唢呐的，响器，闫德也吹。

那时候是八档会，正月十五灯会特棒，做的灯有角楼灯，有走马灯，还能用蜡的热量把灯吹动了，后来改用电灯，把风车吹动了，还有孔雀开屏灯、扇面灯、宫灯。灯会是正月十五，灯挂在后街托儿所，也在古城大街挂过、摆过。我们做灯是在刘文清家，他家三间北屋，老号是前街40多号，后来他搬家了，西来顺那边，我还是跟着去。做灯先把四个角盘好，用铁丝拢住，四周扎架子，第一层纸、第二层纸地往上贴。

文场的也得号腿，谁先去了就跟着武场的号，等文场的人到齐了，一块儿到村东头小学教室去排练鼓点儿。王德奎是外区来的，他学过少林，我们用的是少林武术会的鼓点儿，跟马连道学的。梁云龙看歌谱，我们开始打节拍。我是敲钹，王德奎指挥，后来我学会后，他不在的时候我就能指挥了，连敲鼓也行了。过去的一些点儿，三钹、四钹、七钹后来不用了。狮舞鼓点单调，不像石锁那么气派。

杨：您一直都在狮舞会？

常：狮舞会这边的人慢慢都跑石锁会那边敲去了，那边人多了又有跑回来的，我是一直在这边，在文场。我大哥打锣的，我另外一个哥哥也是渔婆。我要去那边学也可以，但我觉得不能哪儿热闹往哪儿跑，就一直跟着梁云龙留在了狮舞会。

七、田玉川

采访对象：田玉川，男，66岁，原老古城东井街2号

采访者：杨金凤

采访时间：2013年8月

采访地点：老古城后街社区居委会

我是狮舞会文场敲大钹的。文场有单皮一个、大钹四对、镲锅一

◎ 2006年1月30日田玉川花会踩街时表演 ◎

对、俩抬鼓的，一共有八九个人，走会的时候也得预备十多个人。打鼓的是郝殿裕，20世纪80年代末常守华打单皮。王俊国接了他爸爸王德奎打单皮。

我从1961年十二三岁时开始接触，跟王德奎开始学。老爷子是剃头的，在前街住，那时都在前街西头大影壁、东边北后道学，在一队老队部敲打。我们1961年组建狮舞会，十几个人，田培成是头一批狮舞会文场，我、罗小明、王德奎、郝殿裕、刘文德、刘振华、常守华是文场。我1965年上运输公司工作，1967年在街上走过会，那时罗小明还在村里。

2004年我就到少林武术会了，我现在是少林武术理事会成员。教过我们武术的还有北辛安的老师，姓靳。

永定门外石锁也用单皮指挥。今年在方庄看到的石锁也是用单皮指挥。

八、闫玉明

采访对象：闫玉明，男，原老古城南街12号

采访者：杨金凤

采访时间：2013年8月

采访地点：老古城十字路口西南花园

杨：您是哪批狮舞会的？

闫：我跟梁老师一批，1963年练到1967年。那时，我跟田俊从房顶上往下跳，两米多高的房子，练了一年就会了。狮子皮是一个农业中学给我们的，其他道具跟文化馆借的。梁老师徒弟有八个，每天在他家先练踢腿、弯腰等基本功。梁老师是跟任师傅学的，他自己钻研，不会的问别人去，他武功很好，竖叉、横叉都厉害，学回来教我们断断续续十多年，这些年我也跟着踩街。

我1963年中学毕业，十五六岁开始练，后来上汽车八场上班，开车40个年头，村里活动基本都跟着去了。我当过领狮，也当过狮尾。

梁老师费心不小，狮子表演分多少场，他都编成书。梁老师人品

◎ 闫玉明（右1）◎

特好，很多十二三岁的孩子跟着他练，天天上他们家学去，门外头排着队踢腿。梁老师带我们上城里文化馆学狮舞，吴桥的在村东头演，让我们去看。他从来不发脾气，好些孩子围着他，他边写材料边教，怎么折腾都不嫌麻烦。以前能听到音儿的就是村里大喇叭，有个话匣子了不得了，所以梁老师组织这事儿，孩子们有了去的地儿。

杨：看您刚才练，身法还这么好。

闫：以前下的功夫大，耍狮子挺难，没功夫的从房上跳下来，跳下来就得劈叉，技术不行就得把腿蹾了，跳下房以后跟着就得打滚儿，动作连贯才美。

狮头是田俊，我是狮尾。董文寿也当狮头和领狮。表演的时候惊险，“唰”，跳到八仙桌跟前了，假装过不去，“嗖”，又跃过去了，逗观众，演出没砸过。

杨：您带过徒弟吗?

闫：说不上徒弟。村里有跟着学的，我也曾经在广宁教过一个多月，结果后来散了，说腿摔折了怎么办？确实练这个还真得有童子功。后来狮子我带着，北辛安和南大荒都是跟着老古城学的。

第十节

其他人员

一、田洪彦

采访对象：田洪彦，男，52岁，原老古城前街48号。秉心圣会副秘书长

采访者：杨金凤

采访时间：2013年7月28日、9月13日

采访方式：电话

◎ 田洪彦 ◎

杨：1988 年秉心圣会在妙峰山立碑，碑文是您写的？

1988年刻碑，碑文开始是陈连海（“眼镜陈”）和一些老玩角儿写的，太长了，后来他们找我改，我就按照自己的思路写的，200多字。1988年春天三、四月份，我和闫洲、陈连海、常守智四个人带着食品到石府村找牛连贵，买了块石头。当时陈连海岁数大了，身子也胖，趴在石头上把碑文用毛笔写上。牛连贵也60多岁了，手都哆嗦了，还答应给我们刻字。牛连贵是京西有名的石匠，手巧，他刻的梳妆台能镶镜子，

◎ 秉心圣会在妙峰山所立碑文 ◎

还有小抽屉能拉开。朝顶进香那天，会上用130卡车去石府村拉的碑。那时候妙峰山的路难走，大伙儿用盖房的大椽子抬上去的。

杨：您爷爷过去是前引，给您讲过会礼、会规吗？

田：我爷爷田茂堂生于1898年，家里是祖传的木匠，方圆十几里有名。他虽然没有文化，但走南闯北，见过世面。前引与会首不同，除了有组织管理能力以及极高的威望，还要懂会礼、会规，这对于一个前引来说是必不可少的基本素质。因为前引最大的功能就是处理会与会之间的来往，过去两会相遇讲究的是会礼、会规，走会的时候在香道上两会相遇，有可能会互相刁难，人家提的问题，你说不过人家，或者会礼、会规说错了，那就算斗败了，所以前引要凭借自己的口才占上风，方能捍卫一个会的尊严。具体会礼、会规老玩角儿们还知道一些。

杨：走会的道具谁做？

田：有些道具，像娘娘驾、旗锣伞扇啊，那时候都是我爷爷做。他本是木工，看一眼别人的基本就会了，然后自己再加一些新的东西，慢慢就发展成我们现在这个样子了。我小时候他还给我做过一副小高跷。

杨：2004 年复会的时候，道具的样子是以前的老样式吗？

田：是我爸爸回忆的，像旗锣伞扇、龙旗牌棍、娘娘驾道具等，再通过其他人描述的记录综合在一起摸索出来的，我爸成为新一任前引。

杨：踩街有什么讲究吗？

田：有讲究，踩街是逢茶桌必献档，哪怕你在小胡同里走，人家摆茶桌出来，玩角儿也得献档。但第一年踩街的时候，很多人对这个传统没有反应过来，我们家也没摆茶桌，但是石锁会的文场和狮舞会的文场走到我们家门口，还是打了三参。这我不理解呀，问我爸爸，怎么别人家没摆茶桌儿就不停下来演？咱们家也没摆，怎么还在门口敲打半天呢？我父亲解释说："那是冲你爷爷，冲他是过去的前引。"我一听才明白。第二年赶紧把茶桌摆上了，我没想到人家老玩角儿们还记得我爷爷。

二、郝玉岑

采访对象：郝玉岑，男，66岁，原老古城东井街21号

采访者：杨金凤

采访时间：2013年8月2日

采访地点：常守智家

◎ 郝玉岑 ◎

我从20世纪八九十年代管秉心圣会的账。八几年走会，生产队里支持，每年给一万块钱经费，不够再各单位"化缘"。这儿给3000元，那儿给5000元的，用来置锣鼓件、服装等。我所经手的发票、账本都交给队里。

三、郝德亮

采访对象：郝德亮，男，68岁，原老古城前街34号

采访者：杨金凤

采访时间：2013年8月6日下午

采访地点：常守智家

我是常守智表弟，1956年走会，潘德银书记带着我们村的玩角儿上八角、水屯、白庙、北辛安演出。那时候高跷厉害，跳八仙桌子。那时的会徽是石锁。

我是小学四年级开始说《油灯碗儿》《铁算盘》《劫刑车》，自己看书。1962年参加工作，分配在一得阁十年，演数来宝，也编现代的东西。每次走会的时候，石锁、太平歌表演停了，我就上去说说。我本身是在狮舞会，是文场。郝殿泉能跳八仙桌子过去再鹞子翻身，太棒了。1957年上中学，跟梁老师学武术，梁老师获得过1958年短兵器双刀冠军。那是区里举办的，那时古城村归丰台区。

◎ 郝德亮（右）◎

◎ 2006年1月30日郝德亮参加花会踩街表演 ◎

四、董文岭

采访对象：董文岭，男，58岁，原老古城后街11号

采访者：杨金凤

采访时间：2013年8月8日上午9点

采访地点：董文岭家

我是2004年复会时的第一任秘书长。我父亲爷爷的时候过来古城村的，已经五代了，之前在德胜门小关那边。我父亲董占清不太爱参加社会活动，我的爷爷董河在会里，那时候不在会里的人极少。董文寿是我叔伯二哥，我们都住一个院子里。

当年吴桥杂技有段时间在北辛安露天大棚演出，我们都去看，有爬杆折跟头打把式的。我们村一看人家练得那么好，就仿照人家，练的时候就在我们家，正月初二、初三在村子里就出场演了。大部分时间是在前街，街上比较宽敞。

杨：您在会里主要做什么？

董：1982年复会，古城农工商公司发起的，找到了我，我有绘画基础，让我画走会的旗子和钱粮筐围布等。当时画筐上的围布，四个大筐，60尺黄布，我裁了，再往上画，画的是粮食和蔬菜。为了第二天赶场抬钱粮筐能用上，我连着画，一天一宿，20多个小时，除了吃饭，没歇着。晚上张国栋还特意来看进度。

◎ 董文岭 ◎

我主要给太平歌会的十几个人打脸化妆，以前有陈连海和梁老太太（前街的）画脸，那时他们都70岁左右了，我是接他们的班，他们教给我。12个人中总头表现的人物是陀头和尚，元代的，是徐达的老师，画脸按照京剧里的花脸画。渔婆按照青衣画，公子按照小生画，越漂亮越好，渔翁按照老生画。伴奏的化妆基本是按照武生的形象。画脸一人一个手法，时间充裕画细一点儿，着急了就画简单点儿。观众瞧的主要不是脸，而是功夫，画了脸穿上戏装好看点儿。两位老人带了我不到一年，当时他们还是热情，但年岁大了实际已经画不了了。1982年我27岁，年富力强。到我这儿化妆，和六几年的比较，比他们细致，颜料也好了。上珠市口买去，有个卖戏装和颜料的店，我也跟着去买过。2004年第二次复会的时候，马振才开的车，我跟着去的。不光是太平歌会，耍龙的、打鼓的都管画，夜里两三点钟就起来，一干就是四五个钟头，到早晨六七点钟的时候，人们陆陆续续出场了，我得拎着化妆箱后头跟着，跟着补妆。

服装费事的是渔婆的头饰，公子也费点事。公子代表了中产阶级，有吃有穿的。渔翁是劳动人民，樵夫、渔婆也是干活的。

除了化妆，我还跟着做些组织工作。玩角儿绑着高跷，练累了要歇着，我们抬着两条大板凳后头跟着。上远处演，板凳要放汽车上，搭上搭下，玩角儿腿子松了要绑，就得赶紧把板凳抬过去。抬板凳，太平歌会得有四五个或更多人跟着，干的是不显眼的事，还有郝和平几个人，人不固定。

杨：你们叔伯哥们儿住一院里，都在会里吗？

董：老大是董文庆，折跟头、爬杆；老二是董文寿，舞狮，也折跟头、爬杆，他是梁云龙的徒弟，狮舞会的狮头；老三是董文和，折跟头、爬杆；我是老四，化妆。我姐夫闫玉明是狮尾，功夫也挺棒。可以说全家人为了会上的事都尽力了。

狮舞会在梁老师家练，爬杆、折跟头在我们家院里练。院里给大伙儿练习挖的沙子坑，是我叔、我大哥他们挖的，从外头运来的沙子。院子大，俩大沙坑，每天晚上二三十人折腾，哪天都得弄到晚上10点多，夏天半夜12点的时候也有。院里还立一根大杆子，跟吴桥杂技团取经，看人家演，学活儿。这个会干了四五年。吴桥杂技当时在北辛安演出，1960年左右，北辛安是当时的镇政府，后来在北辛安电影院的后身，有一片空地，支起来大圆棚子，也卖票。我当时七八岁，我奶奶也去。一家子好这个，源于我奶奶。我和董文庆、董文寿他们是俩屋的，他们三个是我叔家的，哥儿仨还有个老妹妹。我爷爷去世得早，33岁就没了。

在会累，但当时基本没有不去的，家里最起码都有人在里面。小伙子聪明、腿脚利落的才能上，不好的打杂，再接着练。不能玩儿不好，表演不能现眼。当时家家都干这个，心甘情愿。正月初二，村里人哪儿都不去。大街上茶桌犒劳玩角儿时即便俩人再有意见，在会上也不能表现出来，团结得跟一个人似的，对邻里街坊的和谐也起到一定作用。

要说能上太平歌会的，小伙子长得漂亮，扮上以后就更漂亮了，能把别的村的没说对象的大姑娘娶过来，是能说上媳妇的渠道。

在我们家练是董文庆领头，当时他30多岁。

◎ 董文岭绘制的钱粮筐围布 ◎

我大概给大伙儿化妆化了20多年，陆陆续续的，凡是有会出场就去。2004年当秘书长，跑筹备工作，跟马振才一起组织。

杨：您的两位师傅都是本村的吗？

董：陈连海是有文化的人，当过会计，他家住白庙，是古城大队的人，在四队当过社员。他戴副眼镜，知识渊博，都叫他“眼镜陈”。画画写写的他都冲在前边，是我尊重的老前辈，我跟他学了不少东西。梁老太太（陈金环）是我们村梁家的媳妇，她老头叫梁德宝。她是梁云龙家的远房亲戚。会里头饰等在田俊家搁着，他家有个小二层，搭着个板子。

太平歌会是时间最长的，从明代万历年间就有，口传心授的。我们家是清咸丰年间来的。古城村开始有芦家、朴家，有贺家家庙，后来成了老古城小学。开始老古城没多少人，庙附近繁衍起来的，北后道是后来扩出来的。

杨：您学画多少年了？

董：从小的时候，二、三年级，老师让我写黑板报，后来画画儿，自己画小人书上的人物，后来正式画山水。我老师是我家孩子的舅舅，就跟着一起学画了。

五、田金生

◎ 田金生 ◎

采访对象：田金生，男，57岁，原老古城东井街31号

采访者：杨金凤

采访时间：2013年8月14日

采访地点：老古城后街社区居委会

1964年，我11岁之前，在董文寿家院子里练，脑袋能掏裆，他们家的院子里竖着40厘米粗的管子，练爬杆什么的。我11岁摔伤了，也是为了练力气，在单杠上摔下来的。但村里走会一直跟着，给大伙儿照相、抄人名单、统计人数。有时候古城大楼刘波给我们走会录像。1988年在龙潭湖演出，古城花会的石锁、钱粮笸、太平歌、太平鼓都去了。1994年“十一”上陶然亭演出，我是副总指挥，还有傅玉英、金洪栋、常守智是副总指挥。我参与了复会和非遗项目申报工作。

六、杨维琦、杨巧玲

采访对象：杨维琦，男，68岁，原老古城南胡同23号

采访者：杨金凤

采访时间：2013年8月8日下午

采访地点：杨维琦家

杨：从刘凤水和其他玩角儿嘴里得知，走会的一些照片是您照的？

维琦：那会儿七几年，可给他们照了不少照片，洗一寸的是四分钱，没法儿看，人多，耍狮子、耍龙的一大堆人，照片小都认不出谁是谁。我就自己用放大镜放大，洗成黑白的，那时候也买不起彩色的，黑白的相纸是七八毛钱，会上人多，一人一张，一洗就一夜，几十张洗完大小不一，再都裁成十寸左右。

1967年我有个海鸥4A的相机，120的，那时候使着不满意了，七几年买了个135的，一洗就一二百张。

街上过去就跟大马路十字路口往北到消防队这段路上表演，"五一""十一"都上街，春节踩街，在村里街上。灯会是正月十五，在古城大街和村里都演过。我在首钢焦化厂上班，刘凤水认识我，他在太平歌会上，叫我去给他们照相。

巧玲：有时候在家洗，把窗户用红布、黑布蒙上，连孩子都不管。

维琦：等孩子们都睡觉了，找人来帮裁边儿。

巧玲：他蒙我，说没奖金。钱他都自己偷偷攒着，买相机。有的洗相片材料还自己出，好这个，没少搭钱。

维琦：会里拿钱买相纸，相纸也分号儿，有软有硬的，有的是裁好的，有的是成卷的，裁多大都行，洗到深夜一两点钟是常事儿，晾晒起

◎ 杨金凤采访杨维琦（右1）、杨巧玲（右2）◎

来，第二天早晨八点赶着上班去。以前玩角儿也有很多人在照相馆照，个人花钱，自己都扮好了去照。会里的钱都是大伙儿凑的，几毛一块地凑。

我不是老古城村里的人，1954年从保定来的，我哥哥在首钢工伤没了，我们用抚恤金在村里买了三亩多地，住下来。我上首钢上班，和刘凤水一个单位，还是一个车间的。常守元让他找的我。以前收入少，照相馆好像是四毛钱照一张一寸的，两寸的是八毛钱，也花不起呀。可我能给他们洗十寸的，大伙儿拿了照片都高兴。复会以后也照过，还有每次开会马振才找我去给照，末了，我存U盘里给居委会送去。我这两年眼睛白内障，看不清了。以前街上有结婚的也找我去摄像、照相。从2004年也录像，我也跟着走会。

杨：您是太平鼓队的？

巧玲：不，我是腰鼓队的，今年64岁了。2004年参加的，腰鼓队30多人，都是五六十岁的。等着现代嘉园都弄好了，再搞活动还能跟着

◎ 杨维琦的孙子杨熠璘在妙峰山走会时捧娘娘驾 ◎

去。我是在古城农工商公司下属的单位退休，在前街居委会干过一年半。每次走会后街为主，前街为辅。农工商公司也支持，一说会，都是古城的，大伙儿特齐心。

七、高起云、高雨云

采访对象：高起云，男，68岁；高雨云，男，55岁

采访者：杨金凤

采访时间：2013年10月3日

采访地点：石府村

杨：采访古城村人，老玩角儿们有口皆碑地能说出名字的最老的都管是常永富，他和你们是什么关系？

雨云：常永富是我姥爷，小时候我们常去古城村看他。古城村人耍石锁，我也会几把呢，年轻的时候腰串能扔160个。后来我从事石府石的采集与传统加工工艺，做过不少石锁。

有媒体报道说石锁就是掷子，其实这是两样东西，我做石锁是用正经的石府青石。

起云：我是我们家老大，小时候听我姥爷讲过不少事。他说古城村秉心圣会了不得，他带的会曾经在妙峰山上过头一炷香。到妙峰山上香的队伍好几百支呢，不是谁都能上头一炷香的，得靠本事才行，什么本

◎ 掷子（左）、石锁（右）◎

事呢？就是你懂得的会礼、会规多，耍的玩意儿棒。我姥爷在北京会里头那是有名声的，连北京的总会头都跟他是朋友。他带着古城村的会上北海走会，还带出了几个徒弟，后来也都有名了。只可惜从前对这些东西没意识记录，会礼、会规全套的记不全了。古城村常守仁是我大舅，常守义是我二舅，我们小时候也看到他们在会里。

◎ 董景生（左）、田庆（右）◎

八、田庆

采访对象：田庆，男，71岁，原老古城东街41号

采访者：杨金凤

采访时间：2013年8月

采访地点：街边花园

我从年轻开始练习武术，主要是太极拳。在走会的时候也拿旗子或做其他工作。

第五章

秉心圣会相关记录

第一节 梁云龙记录
第二节 田忠记录
第三节 其他人记录

第一节

梁云龙记录

1. 庙里比武的尚五爷

尚序的爷爷养过毛驴，喜欢练武，人称“尚五爷”，平时以卸煤为生，他经常给城里某寺卸煤，每次卸完煤都观看小和尚练武不愿离去。老和尚看出这个小伙子的心事，知道这个卸煤的小伙子可能也会功夫，问道：“小伙子，我看你对练武挺用心的，你一定也会练吧？”尚五爷谦虚答道：“会一点儿。”老和尚点点头，随即提出要他练练拳脚看一看，尚五爷答应，随后抱拳，口称师傅后，当场练了一趟拳脚和一套枪法。老和尚大喜，又要求他与小和尚比比拳脚及枪法，尚五爷也没推辞，经比武后，老和尚更加喜爱这卸煤的小伙子了，当即问明家庭状况。他得知尚五爷家庭很贫穷以后说：“小伙子不要紧，今后你家中的四口人生活，全都由本寺负担了。”

2.老都管常永富

常永富是常守仁、常守义的父亲，常玉民、常玉洁的爷爷，他老人家生前任秉心会的老都管，对会礼、会规颇有研究，对外交际能说善辩。他收过四个徒弟：田茂堂、马如清、郝德雨、仲德庆，主要传授会礼、会规。提起此人，妙峰山香道谁人不知，谁人不晓，威望极高。村里红白喜事面面俱到，打官司告状有求必应，别人解决不了的问题，只要他老人家一出面，事情迎刃而解。

◎ 张义在家中练武 ◎

3.张义口外买骆驼

张国栋的爷爷叫张义，他老人家年轻时与八旗营的人学了一手好跤，新中国成立以后又跟梁公庵金老先生练的杨氏太极拳。他说“太极加摔跤，神仙也难逃”，一生喜欢体育，尤其爱好练武。

有一年（1940年后），张义去张家口买骆驼，一同到达的还有牛街的几位骆驼贩子。到了集市以后，看到一位大个儿蒙古人，拉一串骆驼由桥那边走过来，到集市后把骆驼拴好。这时，口里去的一些买主一齐围了上去，说也奇怪，那位蒙古人却不慌不忙地说：“诸位，今天先不提做买卖，先提摔跤，谁要是把我摔倒，这批骆驼就先让谁挑。”原来这位蒙古人是摔跤能手，当地摔跤手谁也不是他的对手，因为家里有钱，好摔跤，出来以做买卖为名，实际是在寻找对手。当时北京去的几位摔跤手都不敢轻易上前，只好一旁观望。一下午，因为没有人敢跟他摔跤，所以张义脑子没闲着，已经想出制胜的办法来了。第二天上午，蒙古人站在场中央叫阵，围观群众鸦雀无声，面面相觑，这时张义已经做好上阵的准备了 。二人各自穿好褡裢，转个圈，打个照面开始对阵了。张义上一步，用手一晃对方的双眼，趁其不备，嘴里喷出已经嚼好的糖渣，直奔其面门而去，对方当时一眨眼，还没弄清什么情况，张义双手已经抓住了褡裢，用一只脚来了个里勾，勾住对方的左腿，然后用头顶住对方的胸口，手拉，脚勾，头顶三者合一，一鼓作气，将蒙古人摔了个仰面朝天。蒙古人爬起来，明知中计，也只好认输，哈哈一笑说：“得了，我的骆驼让你先挑。”原来张义昨天晚上买好一包冰糖带在身边，上阵前含在嘴里嚼碎，趁机喷出来，结果成功了。这次非正式比赛给张义带来了莫大的好处，蒙古人这次拉来的十多只骆驼由张义优先挑选。

4.太平歌救命

民国时期，军阀混战，东北军与西北军在张家口发生了战斗，结果东北军得胜。为了慰劳将士，东北军放假三天不点名，自由活动。这时常春接骆驼回来，路过此地，也正赶上大街上东北军抓人，结果把他抓了去。只因为他不是本地人，无人作保，就按照敌人奸细处理。第二天拉出去执行枪决，常春有口难辩，只好等死，在临死之前绝望之中忽然想起反正也是要死的人了，唱段太平歌吧，也表示我常春向家乡父老，向妙峰山的老娘娘告别了。他放开喉咙唱了一段《敬德哭马》，这一唱非同小可，惊动了一个人，这个人正是东北军的一位旅长。这个人听到歌声觉得耳熟，临近一看，忽然大吃一惊，急忙喊出一声：“刀下留人！”原来这位旅长是山东人，没当兵前，每年春天来古城村租郝国江家的地种西瓜，秋后回家。在古城种瓜期间结识了常春，在瓜地里常春经常爱唱《敬德哭马》。这位山东瓜把式闯关东时参加了东北军张学良的队伍，后来升了旅长，今天常春这一唱被他听见了，常春这才被救了一条性命。

5.八宝山进香的风波

于心正的姥姥董香头，在八宝山许过愿，在还愿时特约古城村太平歌会参加，时至农历四月十五八宝山庙会。当时古城村还没有石锁，可巧在朝顶进香时碰上京东的一对狮子，他们没摸清古城的底细，就决定狮子蹲门，要与古城人较量一番。当时能唱《一百单八鞭》的只有两个人——田麻顺和田茂，可是田麻顺正扮演膏药一时换不下来，而田茂这一天又没跟会档上山。正在无计可施的时候，可巧郝廷月进城卖煤回来上山看看，会头一看到他急中生智，急忙给郝廷月换装扮小二哥。当时对方在场探听情报的狮舞会会头一看，古城换了一个大个子，他们不摸底细，唯恐对自己不利，急忙托人讲和，言罢，向古城会赔礼道歉。在这次进香中，李宝林的爸爸打鼓，一时失手，鼓槌由手中滑出去了，事有巧合，在落下时，又被他抓住了，全场鼓掌叫好，不明真相的人还以为这一手是特技表演呢，他因此得名“飞锣李”。

6.奇人李殿春

李殿春有个特点，夜间行走腿脚利落而且眼睛特尖，因此而得名“李夜游”。李殿春在古城村太平歌队里，他扮演过渔翁、樵夫、老坐子、渔婆等多种角色，可算是一名文艺多面手。1974年春节，曾创办驴舞，扮演过赶驴的傻柱子。他在日常生活中还能做瓦工、厨工、裱糊等活计，谁家有了红白喜事他全力以赴，面面俱到，还自带份礼。

第二节

田忠记录

1.力挫群雄的总都管——常永富

听父辈们讲，古城村秉心圣会总都管常永富虽然没有文化，但是脑子好，记性好，谁说什么，一听便记在心里，尤其对会礼、会规了如指掌，是个对己对人非常严格的人。

一次偶然的机会，去北海议事，席间全是些头面人物、大腕们。上台讲话，他们高谈阔论，根本没把农民出身的常都管看在眼里。眼看快到晌午，大腕们还是说个没完，就在这时，常都管忍不住地抢上台去，非常严肃地说："我们今天起五更走40多里路，来到这里，本应该受点儿教育，得到些益处，但是使我非常失望，大家在会上都说些什么？都是说些毫无意义的事。我常永富是个穷人，比不上在座的各位。但是有一点，我常永富人穷志不短，我对佛祖虔诚之心，你们各位比不了。在此，我让大家见识见识我对佛祖的虔诚之心。"说完令中军号起响，霎时音乐悠扬，四执起响，三参之后，再看看在座的大腕们齐刷刷地跪了一大片。大家对常都管肃然起敬地说："没想到一个农民打扮的人真如此了不起。"立时另眼看待。就在这时，一位头面人物走到常都管面前，握着常都管的手说："老哥，你真了不起呀！"那人自我介绍他就是北平市花会总会长，原北平市水利局长陈永利，后来成了常都管的好友。真是不打不相识，从此，常都管威镇北海，力挫群雄之事传为佳话、流传后人。

2.铁嘴钢牙问不倒的前引——田茂堂

我的父亲田茂堂，是个地道的手艺人，从小学徒于北平阜成门内宫门口，三庆木行兼杠房，做棺材是把好手。父亲为人忠厚，在秉心圣会略有名气。说他有名气，还要从他追随恩师常永富说起。常都管有三位弟子，大弟子马如清，二弟子是我父亲田茂堂，三弟子是三家店的王法山，当时任门头沟警察局局长。父亲虽然没有文化，但是脑子灵活，一听便会，同时记在心里。常都管晚年让父亲担任会中前引，途中应付事物，凭一片三寸不烂之舌与对方周旋，你来我往，对答如流，是个问不倒的前引，并受到对方的赞扬，结为好友，年年如此，在京西颇有名气，在古城村内外，一提铁嘴钢牙田茂堂，只要与他打过交道的人就赞不绝口。

提起父亲的做人应该与秉心圣会有关，并有着直接关系。秉心圣会，意思就是一心秉正，一秉虔诚，这是做人的标准。正因为父亲是秉心圣会中的关键人物，才以表率身份，以身作则去感染他人，以遇事沉着不慌，应付自如受到他人尊敬。所以说因为秉心圣会的名字起得好，境界高，有了这个好会名，才有为会中做表率的人。

3.编外人——厨师马才

马才老先生是模式口人，精通红白案，十里八村谁家有红白喜事，都请他去帮忙。马老抻得一手好面，这就和古城村秉心圣会联系上了。因为秉心圣会每年农历四月十一先在本村踩街，四月十二才扬香妙峰山。踩街前，先吃一顿光棍面，何谓光棍面，就是四个面码，一大碗卤。四个面码是黄豆芽、绿豆芽、小萝卜丝、黄瓜丝。在踩街前一天，马老就来到古城村三义庙内忙着打卤、和面、醒面，使好矾碱，准备好下一天用。踩街那天一早，大家就来到三义庙忙个人之事，马老也不例外，让帮忙挖灶烧火，九点多钟玩角儿们陆续吃完大条面，准备出会。面条一锅一锅煮，大家一拨一拨地吃，忙乎了一上午才忙乎完了，大家吃饱了，伸出大拇指称赞马老。

马老是外村人，可又为什么与古城村秉心圣会有缘呢？说它是个谜，又不是个谜。据我所知，马老有一颗虔诚之心，也算秉心圣会中的一员了。他一如既往，年年如此，不请自来，给后人留下难以忘怀的佳话。

4.“活膏药”——闫殿银

闫殿银是农民，农忙耕地，农闲拉骆驼去门头沟驮煤，再去城里卖，以此养家糊口。他老实巴交，平时不多言不多语，可是他一扮上角色——膏药，就好像换个人似的，那个逗劲儿，挤鼻弄眼，甭提多惹人笑了。

闫殿银的扮相做派过得硬，这与他老师有直接关系。俗话说严师出高徒。只记得他的老师是我们本家田老魔子他爷爷，名字记不清了，田老爷子的一举一动闫殿银都不言不语地记在心里。所以闫殿银一扮上膏药，就让人笑得合不上嘴，甚至眼泪都笑出来了。他不但表演好，武功也过得硬，什么蹲裆、别黄瓜架，最拿手的绝活是蹲着走，这个动作难度大，弄不好就要仰坐在地上，很危险，但是闫殿银演技基本功好，动作自始至终都得到观众的热烈掌声与叫好声，闫殿银的美誉传于后世。

5.“花花公子”——郝殿银

太平歌会中的武扇，又称“公子”，是个核心人物，12个角色中他在中间穿针引线，把其他角色带活。郝殿银扮演的膏药精彩，他演的公子也堪称一绝。郝殿银一扮上公子如同身临其境一样，扮相俊、武功好、腿子硬、嗓音洪亮。传说他的老伴当年就是因为他扮相好才相中他的。他的任务是全活，就是角色中每个人的表演，他全会，也必须会，这在表演中他与每个角色的对练中体现出来。他会跳八仙桌子加板凳、加茶具，会蹲裆、别黄瓜架、蝎子爬，最拿手的是劈叉，玩一个叉着地再慢慢地自己悠起来，堪称一绝。在走会对练时（亦叫“挑斗”），老坐子特意将手帕丢在地上让公子劈叉去给捡起来，此时公子来一个扔叉，落在地上，捡起手帕后再一点一点地从地上悠起来，得到观众掌声与叫好声。在扮相与表演上，简直把公子给演活了。

6.多才多艺的老人

提起本家田老魔子他爷爷，在古城街中无人不知、无人不晓，老人虽然没有文化，但多才多艺。在太平歌会中不但演技超群，还是个会编会唱的有才之人。听村中老前辈们讲，他的演技在古城街上无人能比。

听老前辈们说：一次村中走会，行至一家药店门前，药店老板准备一张茶桌招待，当时田老接过膏药、串铃、幌子，对着药店就唱了起来，从丸散膏丹唱起，一样一样地报起了药名，他一口气把药名全都报了出来，药店老板拍着他肩膀敬佩地说：“老哥今天我算服了你了，我药店有的药你报了出来，没有的，你也报了出来，看起来，你真是个了不起的人啊！”

7.为学石锁闯天桥的人——闫德财老先生

闫德财老先生是古城村秉心会、石锁会老会头，当初的石锁会只有文场。有一次随董老香头去八宝山进香，门前受阻，遇见狮子蹲门，最后多亏太平歌会中小二哥用《一百单八鞭》才将狮子赶下门来，我会才进山门进香。

这次受阻，闫老暗暗记在心上，一次偶然的机会，去天桥看到一个艺人，耍木头锁。闫老看后，得到了启发，心想如果打个石锁不就解决问题了吗？于是闫老回家后找石匠做石锁，投师访友学练，待练得得心应手后，闫老拿着石锁又去天桥。那个练木头锁的人仍在走场，此时闫老向那人双手一抱拳说：“师傅这个能练吗？”那人用眼看看地上的石锁说：“这有何难，照样练。”那人没想到他练的是木头的，而闫老练的是石头的，那人拿起后，怎么扔怎么不顺手，他便想到他练的是木锁，而闫老练的是石锁，两者分量相差悬殊，一轻一重，所以不好练。这人没言语，收拾东西灰溜溜一声不响地走了。此时，闫老又双手一抱拳说：“各位卖艺的，你练得再好，也不能把话说满了，人外有人，天外有天，今天我给大家练练。”说着闫老拿起石锁，扔在空中盘肘、腰串，扔了个够，得到了在场上观看者一片掌声，不断叫好，从此名副其实的石锁诞生了。

8.上脑桩绝活——李德山

提起李德山，古城街人都知道李老石锁不但练得精，练得好，而且最拿手的绝活是二十来斤大石锁往空中一扔，用头去接。这活很危险，接不好脑袋砸坏了，还可能砸在脚面上，所以一般人只练8斤、10斤的。每年农历四月十一在本村踩街时遇有茶桌，各会必献档表演，以表谢意，而李老的绝活并不是见茶桌就练的，而是走到老会头门前才拿出自己的绝活献给大家。他人长得消瘦，扔起石锁，轻轻下蹲，迎着石锁往下落的力量，轻轻用头一接，偌大的石锁如棉花一样，落到他头顶上，赢得了一片掌声。李老的绝活上脑桩被后人传为一段佳话，万古流芳。

9.多才多艺二位老前辈——闫富宽、闫富长

太平歌又称“大秧歌唱词”，据说有百十来首，属于山西、陕西一带秦腔中的高腔，传入京都后，又形成了高腔与褡裢腔两种。古城村的太平歌唱词，大多出自闫富宽、闫富长二老的手笔。二老虽然都是农民，没文化，但是聪明、才学出众，不但会唱，最主要的是会编唱词。这些唱词都是二老看书、听书后，在自己脑中消化后变成太平歌唱词的。所以，二老在有生之年，为太平歌会、为后人留下唱词近百首，唱起来顺口，听起来优美，是不可多得的宝贵财富。

第三节
其他人记录

◎ 闫德财 ◎

一、闫玉庆记录

我的爷爷闫德财，生于清咸丰十一年（1861年），故于1943年，享年82岁。他个子高，身材魁梧，在村里深受村民的尊重和爱戴，人称“大个儿闫三”。由于爷爷故于1943年，我出生于1947年，所以我并没有见过我的爷爷，只是听父母及周围邻居的老人提及我的爷爷。

爷爷辈弟兄三个，老大闫德金（十八九岁离家出走，不知下落）、老二闫德银（闫玉崑之爷爷）、老三闫德财。听老辈们说，我爷爷直到年轻时家里都很穷，三十大几了还娶不上媳妇，后来经人介绍才娶到了杨庄姚家的一位姑娘为妻。他平时为人和善，常帮助周围邻居干些善事。他由于人较聪明，通过自学，对珠算这门技艺相当精通，而且还教会了部分村民，如陈茂、郝德龙等人。谁家有个大事小情的总少不了找我爷爷，所以他深受古城村村民的爱戴和尊重。

我爷爷在村里组织了一些村民学习并演练石锁，一段时间后便有了雏形，每年的春节、正月十五等重要节日在村中表演，深受村民的喜欢，村民也纷纷加入到其中。听老人说，当时的石锁20多斤，舞得上下翻飞，不管是倒把、腰串、上脑桩等各种花活都非常好看、精彩。特别是我大伯闫殿忠，买了一个36斤的大号石锁，在街上玩倒把，曹家门口有棵老槐树，其中有个树杈子横过街，我大伯把石锁向上抛，绕过树杈子落下来，再倒过把来，非常精彩。我大伯这身本事都是跟我爷爷学来的。随着时间的流逝，村里玩石锁的越来越多，同时也有了会规。那时学石锁要先弄块老青砖练去，学文场要蹲在南墙根拍大腿，什么时候像个样子了，再去摸鼓键子。石锁会壮大了，年年一到冬天农闲时，到处都是用砖块练习及用小鼓敲打的村民。

随着岁月的流逝，爷爷老了，干石锁会都管有些吃力了，想着将会头传给我大伯闫殿忠，可我大伯说什么也不喜欢文场，只要一玩就是石锁，锣鼓家伙什儿从来不动，再说他老人家也不愿干。爷爷一看没有指望了，又发现他的亲侄子既喜欢文场，而且对武场也很有研究，于是让他侄子——我的二大伯闫殿禄（闫玉崙的父亲）当了石锁会都管。闫殿禄当了石锁会都管后的一大段时间，安文秀、李文仁等人也参加了进来，闫殿禄完全继承了我爷爷的做法。后来他去世了（约1956年），石锁会找人给画了张像，作为礼物送给了其家人，上款“石锁会闫老都千古”，下款“古城村石锁会”。这张画像长约60厘米，宽约50厘米，先是闫洪金收着这张画像，后来闫玉崙要去，闫玉崙死后，洪银（栓柱）不知放哪里了，洪金再去找，洪银也没找到，这一拆迁肯定是没了。我大伯闫殿忠曾玩过的36斤的石锁，开始总在我大伯家门口放着，闲时村里常有人去我们家玩一下，其中小李宝、曹德江都玩过，再后来，这把石锁被梁云龙、曹德江等人作为文物给到哪个博物馆了，再找也没了。

拆迁了，石锁会作为古城街的重要花会，我希望不要因此而消失，应该继续发扬光大，永远传承下去。

以上是我的爷爷对花会的贡献。另外，他对子女教育也是非常严格的，主要对中国的传统礼仪十分注重，后来我的大伯和我父亲养成一个习惯，只要是由外边回来，见到爷爷或奶奶老远就是一个90度深作揖，然后搀扶老人家回家，这方面也在古城街传为佳话。

二、包世轩记录

民国时期，古城村太平鼓特别盛行，有几十位妇女打太平鼓，有六七十岁的老太太、三四十岁的媳妇、十几岁的女孩子，是冬天里街道、庭院的一个景致。

秉心圣会现任会头常守志的母亲，看男人们每年随香会去妙峰山朝顶进香，她也不甘寂寞，带头组织村中妇女成立太平鼓会。每年农历四月初八，找几个儿孙抬着小巧的娘娘驾，捧着高香到石景山顶娘娘庙进香，烧香、祭拜完毕，就在庙前场地拉开架势，就地打起各种套路的太平鼓，以斗公鸡、摇头跪的舞蹈来取悦老娘娘。打够了，玩累了，抽上一袋烟，在庙台上再打会儿小牌。下午两三点钟带着儿孙，护着老娘娘銮驾欢天喜地踏上回途！民国时期，这个由老太太们发起的古城村太平鼓会，居然兴盛了十几年。

石景山区石府村太平鼓老艺人常守珍老太太（1923年生），今年90周岁。她讲述道：娘家是老古城村，清末以后其父常永富担任古城村乡约，还是本村三义庙攒香秉心会六档会的总会头。

老人有俩妈，上边有俩哥哥、俩嫂子、一个姐姐，她是老姑奶奶，聪明秀气，也见过世面。她11岁就开始学打太平鼓，得到街坊大妈、婶子们的夸赞。姐姐大她9岁，姐夫姓谷，在北京大帅府（张学良父子买下的清顺承郡王府，在西城区赵登禹路）当厨师长，西餐最拿手。少年时她经常到大帅府玩儿，有时还和姐姐等陪赵四小姐打打麻将牌。

常守珍老人中等个，一双“改造脚”（旧时缠足后又放开，又称“解放脚”），1944年21岁时嫁到石府村殷实的高家，遂把太平鼓技艺带到石府村，生有五男二女。新中国成立后，她老伴儿在门头沟区菜蔬公司工作。家务虽繁重，但每年冬天她都要找几位姐妹一起打打太平鼓。什么摇头跪、拉抽屉、斗公鸡、大搧、小搧、圆鼓，还有长鼓，七八个人排成一溜打。三个点儿的鼓声一响，姐妹们在鼓声中立刻就站好了队列。她自己使的太平鼓，别的姐妹看着好，就拿去使了，因此她几次到铁匠炉去定制鼓圈，但都没有古城村带来的那把好使。

1984年，那年她61岁。五里坨办事处特意请她去教20多名妇女练习打太平鼓，教了一冬天，大部分打得有一些样儿了。1985年秋，八大处搞第一届庙会，五里坨地区太平鼓到现场表演，舞姿优美，得到一致好评。

三、王春梅记录

痴迷太平歌的李德水是地地道道的老古城村人，1929年出生，这一辈子最喜好的事就是玩儿会。他扮演公子，只要公子的帽子往头上一戴，他那精神头就来了。

李德水这么喜欢走会，可能跟家庭环境有关系，他从小受他父亲的影响。他父亲李鸿儒，人称“会疯子”，只要一扭会，别的什么事都忘了，帮着张罗走会的大事小情。他大爷当时在外边做买卖，只要到了走会的时间，他都会挑着挑儿三天头里就回来。

说起他开始跟会档结缘，也就是五六岁的时候，他父亲就给他钉了两个10多厘米高的叉子，让他登上去扶着墙走。到了12岁，他就开始上跷了。那时古城村的跷可是93厘米高呀。他不光嗓子好，蹬跷的功夫也不落后。每天赶马车一回来，脸也不洗，饭也不吃就拿着跷到白薯地里练去了。他可不光是自学，还有两个师傅呢！一个是扮公子的郝殿银，另一个是扮膏药的闫殿荣。

说起李德水登上高跷正式参加咱们老古城村的花会踩街，那也是一个机缘。19岁那年，由于师傅郝殿银刚刚做完手术，身体没有恢复，不能上跷，他就临危受命，扮上公子相——武扇，登上高跷，正式走会。在古城村的太平歌会中，有12个角色，这12个角色中，要数公子、膏药和陀头的腿功最厉害，套路最多。李德水扮演的公子在太平歌舞中是中心人物，不但腿功好，唱腔多，套路难，其余11个相的套路他也都得会。李德水身穿绣花开氅，内衬软靠，头戴公子巾，足蹬薄底快靴，手持折扇，走起路来摇摇摆摆，东瞧西看，把个浪荡公子表演得惟妙惟肖。一把彩扇在他的手里一会儿摇，一会儿摆，一会儿甩开，可潇洒了。走会时，有时要走圆场，他扮的公子走在场中间，要跟哪一个相斗，就要一个鹞子翻身，翻到那个相前，俩人就开始斗起来，那个相做什么动作，他也配着玩什么动作，这一斗就得打一圈儿，公子不好当。公子可单独表演的套路有跳板凳、走联桥、旱地啃瓜、倒腰子、蹲裆、剪子步、蹲着走、磕八字、跳连桥、背腿子、背剑等。这些动作他都能表演得淋漓尽致，四个板凳摞在一起，都能跳过去。今年北京郊区有的村也在走会，报纸上登着一个人在表演高跷动作中背剑的照片，李德水看着报纸说，苏秦背剑应该是这样做：起左腿，由右手抄起，然后挎在右肩上或用左手先抓住左腿，然后再交给右手，右手由右肩伸向后抓住左腿跷头，贴在右肩头后面，形成斜背剑状，这才是传统的背剑。他边说边做示范，他说要不是现在的地都是水泥的，登上跷还能做背剑……

这么多年来，李德水除了喜欢自己扮上公子走会，还喜欢张罗古城村的走会。1977年秉心圣会复会后，他和董文芳、李殿春一起任太平歌队的队长。80年代初，他50岁刚出头，和李文芝、常守元三个人带太平歌队，其他的各档花会的会头有常守智、常守元、梁云龙、安文秀、王德奎、闫洲等。每年快到年根儿，就开始忙活走会的事儿，从正月初二花会踩街到农历四月妙峰山朝顶进香、石景山二山朝顶，这小半年的工夫，忙来忙去，特乐和！1988年，李德水和闫洲、常守智等在妙峰山为秉心圣会立碑。改革开放以来，秉心圣会是第一个在妙峰山立碑的老会档，现在在妙峰山立碑的会档有几十个。

四、曹玉兴记录

天津每年参加京东庙会都由石景山过。天津的路灯会在陈家庄北，西北涧打一个茶棚，供香道引路灯，隔300多米就有一盏灯。烧香客夜晚从此路过，到茶棚里参架（磕一个头名曰“参架”），茶棚都供妙峰老娘娘，给一个纸灯笼点着，一根蜡能走20里路，点完无论走到哪儿，把灯笼挂树杈上，天明有人收回。桃园的茶棚，一天三顿粥，进南门，出北门，每人给两个馒头。南郊的少林武术会、郭公庄的炒子会，都是十五六岁的学生，每人两个小铲儿，边敲边摆玩意儿，由卢沟桥来到白庙。白庙村北30米处有一座一间房的小庙，白色的，因此得名叫“白庙”。此庙不大，供奉七个神仙，名曰“七圣祠”。京东的会大多都出阜成门，途经西黄村、模式口、高井、五里坨、三家店。有掸尘会，茶棚给两个掸子。献竹会给两个扫帚。有糊窗户会，农历四月初一以前，这个会把庙里殿堂的窗户全糊好了。献扫会，茶棚给两把扫帚。白糖会、香油会、茶叶会，各茶棚一样给。还有缝绽会，就是皮匠香客鞋坏了，给缝好。巧炉会是锔碗的，茶棚的碟子、碗坏了，给锔上。

各种会都有会规，比如说吧，你的会往上走，叫“宝香”，我的会往回走，名曰“回香”。两个会走对头，离100米都停住，不能往前走，双方都管手拿旗，到对面各说“您虔诚，您先待”，这位说“您先待，您回香大吉”，双方都说：“得，咱个抢上手。”可是宝箱锣鼓随便敲打，挑的和抬的随便走，回香各种响器不能响，挑抬都是两胳膊抄着走。狮舞会怕过河，狮舞会在桥上，探头戏水。太平歌会怕狮子蹲门，小二哥得唱《一百单八鞭》，打狮子一百零八鞭子。京东、京南的香客，到三家店村都归一股道往上走，途经龙泉务、陈家庄、西北涧、十八盘、水泉、桃园、南庄、梦长岭、仰山寺、樱桃沟，到涧沟打尖儿，此间有卖吃食的，卖香的，卖各种物品的。

烧香又有滑竿，简单说就是椅子绑两根轿竿，四个人抬着，香客坐上，都是开店的主人给找，店主人在中间，还要赚钱。根据香客胖瘦要价，胖人200多斤，瘦人不到100斤，当然价钱就不一样了。香客上山的方法也不一样，有走着的，有拜香的，还有爬香的，无论男女，头发散开，手和脚着地爬着走，脊背朝天，用纸糊了个马鞍子，搁在身上驮着香和纸元宝，到娘娘殿，把香纸拿下来，还就地打个滚儿。烧完香到梳妆室，洗脸梳头算完成还愿。还有烧拜香的，看你怎么许愿，有的离家十几里路，出门就磕头，有三步、五步、七步之分。

石景山庙会是农历四月十四、十五、十六三天，所以十四日这天正好秉心圣会由妙峰山回来，到石景山上烧香，到山下村献档，回到古城村都过半夜了。

各种会大多数是村里成立的，少数是私人成立。妙峰山烧香客都是东南各省、各县的多，附近的没有多少，因为老百姓有这样的说法，“妙峰山的娘娘照远不照近”。妙峰山有卖香的、卖花的、卖桃木棍的。烧完香买花戴头上取个吉利，叫“戴（带）福还家”。

第六章

秉心圣会太平歌古韵欣赏

第一节　太平歌词
第二节　太平歌曲
第三节　太平歌角色演唱目录

从1983年开始，石景山区文化馆根据市里民族民间文化遗产普查的统一安排，对本地区的民间音乐进行了有重点的普查，杨建章（已故）、张新生等人在普查中把重点放在了古城村的太平歌上。张新生说："我们每天骑着自行车，杨建章还揣着一个小录音机，上古城村一带挨家挨户地找会唱的老人采访。那时候家家还都是大土炕，但他们都特别热情。当时最有收获的是在古城村，其他村子里收集到的比较少。后来全国出了书，他们的太平歌唱被收录进了《中国民间歌曲集成》（北京卷）。"

但我认为，古城村"花十档"中的文场伴奏不仅仅是这些。我们在这次普查中，对多名太平歌玩角儿进行了采访，都说太平歌12个角色在表演时，从前往后，每四个人为一个阵营，前边四个要跷技好，能跳过茶桌、板凳什么的，中间四个人的功夫仅次于前阵，而最后四个是两个鼓（丑鼓、俊鼓）、两个锣（丑锣、俊锣），这四个人使用的是锣鼓家伙，随表演而行。他们也是表演套路中的一部分，如搭象楼等，但更多的时候他们表现的是伴奏功能，也就是说，四个锣鼓家伙是太平歌中带有表演功能的随行伴奏。

一般人认为，高跷仅限于在跷上表演，但古城村的太平歌是带唱的。文化馆参加过普查的曾庆云在《古城村太平歌浅谈》一文中写道：

太平歌所演唱的内容是极其丰富的，既有民间传说，又有历史故事，还有带有神秘色彩的佛曲，更多的则是描述普通劳动人民的艰辛生活，教育人们尊老爱幼，守本从善。

太平歌的演唱形式大体可分为三种：齐唱、独唱和对唱。齐唱又称"群曲"，一般由一人领唱。与之相对应有三种不同的曲调。演唱节奏稍慢，均为2/4拍或4/4拍，且多用倚音、上滑音或下滑音。如此，既悠扬婉转，跳跃生动，又能使演唱者的声音传得远，适合于广场演唱。另外，有时在一个唱段中间还要加唱两句戏剧。如在《到山嵲》中就加上了京剧《翠屏山》中石秀唱的两句西皮原板，"石三郎进门来迎儿骂道，只气得小豪杰脸上发烧"，为整个唱段增添了光彩。

太平歌主要在朝顶拜佛和走会献档时演唱，如秉心圣会每年农历四月十一踩街。之前，要在村东头三义庙内“号佛”，齐唱《大五佛》。四月十三到妙峰山碧霞元君庙和回香时到石景山“二山朝顶”，都要唱《灵官殿佛歌》。走会时遇到茶棚或谁家门口摆上了茶桌，就要停下来表演，即献档。太平歌会除了表演高跷技巧外，还要演唱太平歌。如农历四月十一踩街，从村东头三义庙开始，由前街到村西头朝阳庵，从后街折回，来回约三里路需一天时间，就是因为家家门前摆茶桌，家家门前都要停下来表演和演唱。

太平歌从它产生开始，直到新中国成立初期，广泛流传于古城地区，深受京西广大群众的欢迎，古城村的男女老少都会唱，而且出现过有影响的演唱者，如郝殿银（已故）。他嗓音甜美圆润，善于公子唱段，深得群众喜爱。直到20世纪60年代末，他还常到人民公社广播站，通过有线广播为全社社员演唱。他腊月三十出生，人送外号“郝赶年”。时至今日，京西一带六七十岁的人，提起郝赶年，仍无人不晓。

现在，古城村虽然还有太平歌会存在，但能演唱太平歌的人已很少。除了常守智、闫洲、闫殿荣、田友泉、安文秀、郝德成等老人还能演唱部分唱段外，年轻人几乎无人能够演唱，面临失传。

为保护这一文化遗产，石景山区文化馆杨建章从1982年开始着手收集整理。1988年至1989年，文化馆根据北京市十套集成办公室的要求，又组织人力进行收集工作。石景山区文化文物局干部吕品生，区文化馆干部曾庆云、宛莹等，对上述老人进行了较长时间的访问，并采录了他们演唱的《渔樵对答》《小五佛》《大五佛》《壮士拉马出城西》《王祥卧鱼》《乐逍遥》《参亡灵》《一书生》《陀头和尚笑哈哈》《命孤单》《到山嵲》《樊梨花》等唱段，取得珍贵资料。加之根据部分老人的口述，共整理出歌词22首。

为收集记录古城村的太平歌词，20世纪八九十年代，石景山区文化馆普查人员费了很多精力和时间，因为太平歌唱起来记词很困难。2004年，在古城村秉心圣会申报非物质文化遗产的时候，奇迹般地发现了民国十八年（1929年）重抄的太平歌老唱本，使得相对完整的古城村太平歌重新出现在世人的眼界。这之前，梁云龙曾抄录过部分给李文芝，用于太平歌会学唱。老唱本收录了95首太平歌词。2013年9月，杨金凤、苗天娥、王春梅据民国十八年（1929年）村民抄本点校、整理，现选其中十首供大家欣赏。

第一节
太平歌词

京西古城村太平歌词，旧本年深糟烂，于□□□中华民国十八年己巳夏历五月节后重抄。

一、秧歌头

混沌老祖盖世无，开天立地费功夫。三皇治世在我后，五帝为君一概全无。海外散仙属着我管，七十二洞神仙是我门徒。不是老汉夸海口，来你看，身背八卦太极图。

二、秧歌尾（十三道大辙）

发花天仙三月中，遥条嫩柳正发青。梭钵和尚游逛山景，放江阳的小牧童。龙东一响僧上殿，檐前铁马刮的响声。一七佳人又把新坟上，溜球担担纸钱行。烧钱纸如灰堆乜斜跪倒，只哭得扑簌两眼泪盈盈。西北阴沉下点春雨，来你看，日落来怀转回程。

三、八仙佛歌

五色祥云半悬空飘，八仙请寿下山遥。头洞神仙汉钟离，二洞吕祖宝剑背着；张果老倒骑神驴又在云端里走，蓝采和口不住品他竹箫；曹国舅阴阳竹板叮当二声响，来你看，何仙姑的笊篱肩上担着。来，吾的天缘，老李上阵铁拐一条；韩湘子花篮本是王母娘娘赐，南极寿星降下云霄。仙鹤美鹿又在头里走，白猿献桃一旁跪着。海潮献出一宗无价宝，来你看，太极图上万国来朝。

四、春翠屏

春风儿刮起柳条发青，桃红柳绿各鲜明。你看，小燕衔泥又把花蕊绕，鸳鸯戏水去跳更。那游春公子手摇春扇，春鱼浮水抖抖金鳞。童男童女又在桃花园串，来你看，洞宾老祖下山林。来，吾的那个天缘儿，呦呼儿嗨。爱戴青纱一字巾，蓝绒红绦腰中系，斜背宝剑快如风。有人问他名和姓，你看他，本是海外春天一位散淡神仙。喜自自在喜那逍遥喊自在，乐存一马恒。来，吾的天缘儿，呦呼儿嗨，逍遥自在乐存一马恒。

五、小五佛

阿弥陀佛念了一也声，那观音老母她就度化中。来你看，她连度三点无度上，化道儿灵符起在空。阿弥陀佛念了二声，那二郎杨爷显过神通。他担山赶日如飞走，来你看，泰山压住不能够留情。来，吾的天缘儿呐呼儿嗨哎哎哎，泰山压住不能翻身。阿弥陀佛念了三声，那蒲州好汉数着关公。手提大刀人人怕，来你看，能挡曹操百万兵。来，吾的那个天缘儿呐呼儿嗨，能挡曹操百万兵。阿弥陀佛念了四声，那四海龙王又把雨行。小白龙错行三阵雨，来你看，龙头喂落地吓坏了太宗。来，吾的天缘儿呐呼儿嗨，龙头落地吓坏了太宗。阿弥陀佛念了五声，那妙峰山的娘娘她圣有灵。前行百里来朝顶，来你看，一秉虔诚圣有灵。来，吾的那个天缘呐呼儿嗨，哎哎哎，一秉虔诚圣有灵。

六、春翠莲

春风刮起春翠莲，王禅老祖打坐在蒲团。他开言有语叫孙膑，你到后面看守桃园。孙膑闻听不怠慢，急行来在后桃园。是昨日看桃是也就不短，今日观桃桃也不全。孙膑打坐在卧牛石上，你看又来偷桃小白猿。孙膑一见忙祭起法宝，捆仙索套住小白猿。白猿一见双膝跪倒，尊一声大仙请听言。吾母洞中得了一个伤寒病，想吃仙桃口内餐。昨日偷桃亦是吾，今日偷桃遇见大仙。尊一声大仙饶过我，来你看，吾母在洞盼儿就不还。来，吾的天缘儿呦呼儿嗨，吾母在洞盼儿回还。

七、游山

王孙公子去游山，山上花草开得新鲜。山前狼虫共虎豹，山后野鸟咯咯乱喧。鹦哥八哥还能说话，百灵画眉哨得更尖。仙鹤美鹿口含灵芝又在绕山川。打柴樵夫肩扛扁担、腰掖板斧、头戴草帽圈，悠悠达达转下山弯。山下看一渔翁搬这撒网，打来的活条条金鳞孤饮水酒，又只见一农夫扛锄去耪庄田。好叫我一眼难观青山水秀景，来你看，纵然是巧笔丹青也画不全。

八、壮士拉马出城西

壮士拉马出城西，摇摇摆摆观看景致。观见了道旁有一攒子树，高高矮矮长短不齐。吩咐声小琴童你与吾数一数，一二三、三二一、一二三四五六七、七六五四三二一，七棵树结的本是七样细果，结的是橙子柑子橘子柿子李子栗子梨。壮士一见心可爱，伸手揪住枝，其哧哧咔哧哧撅下来几枝。壮士懒观秋天景，来你看，巧笔丹青难画齐。

九、乐逍遥

小小二哥乐逍遥，前走后跳鞭子摇。五色花篮胳臂上挎，各样豆儿里面装着。卖豆的又在耍个长串，卖了几百铜钱押宝输了。耍钱场闹猫包，三拳两脚将人打死了。人犯王法身无主，我犯萧何律一条。冰凉的小锁脖子上挎，来你看，似火烧身顾不得你了。

十、陀头和尚笑哈哈

陀头和尚笑哈哈，我本是十八宝之内罗汉罗。狗肉烧酒吃喝醉，醉打山门礼儿不合。先打钟鼓二楼两边配殿，回手扳倒大肚子弥勒佛。一庙僧人全叫我打散，来你看，临走斜拔垂杨柳树一棵。

第二节

太平歌曲

春 翠 莲

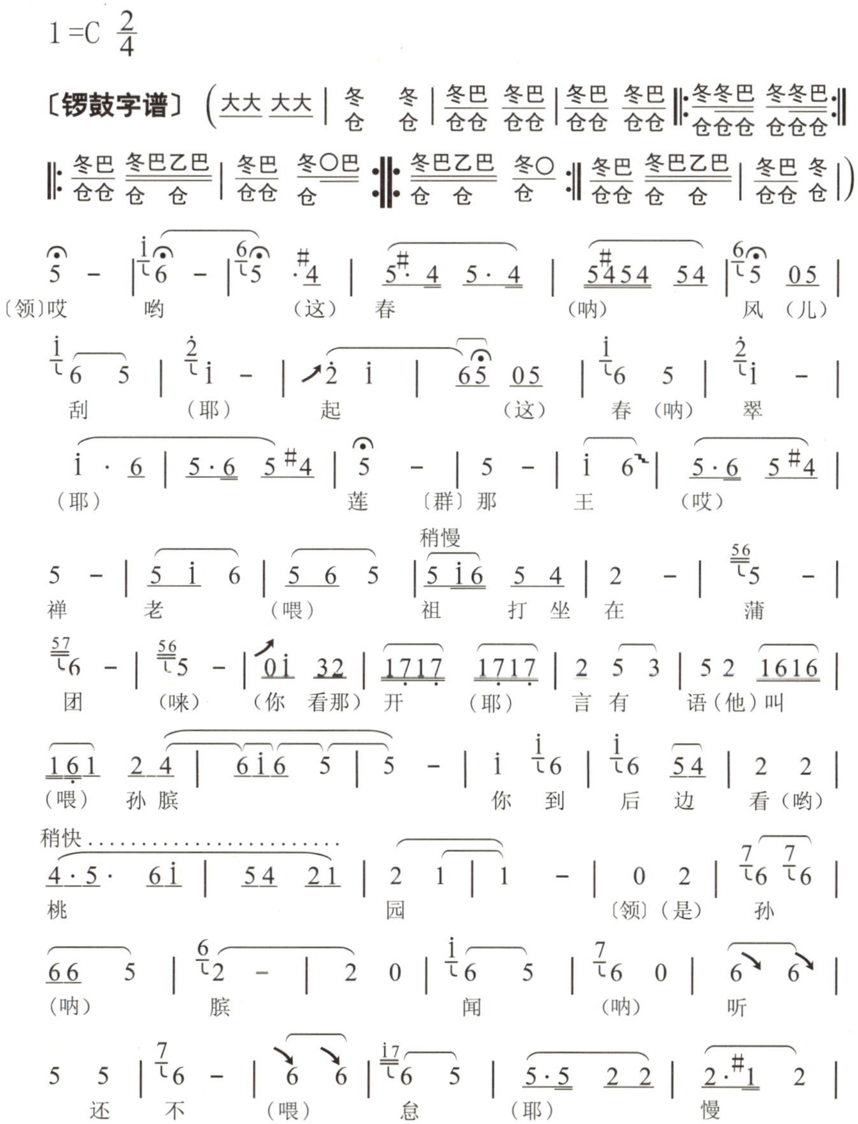

1=C 2/4
〔锣鼓字谱〕
〔领〕哎 哟 （这） 春 （呐） 风 （儿）
刮 （耶） 起 （这） 春 （呐） 翠
（耶） 莲 〔群〕那 王 （哎）
稍慢
禅 老 （喂） 祖 打 坐 在 蒲
团 （咪） （你 看那） 开 （耶） 言 有 语（他）叫
（喂） 孙 膑 你 到 后 边 看（哟）
稍快
桃 园 〔领〕（是） 孙
（呐） 膑 闻 （呐） 听
还 不 （喂） 息 （耶） 慢

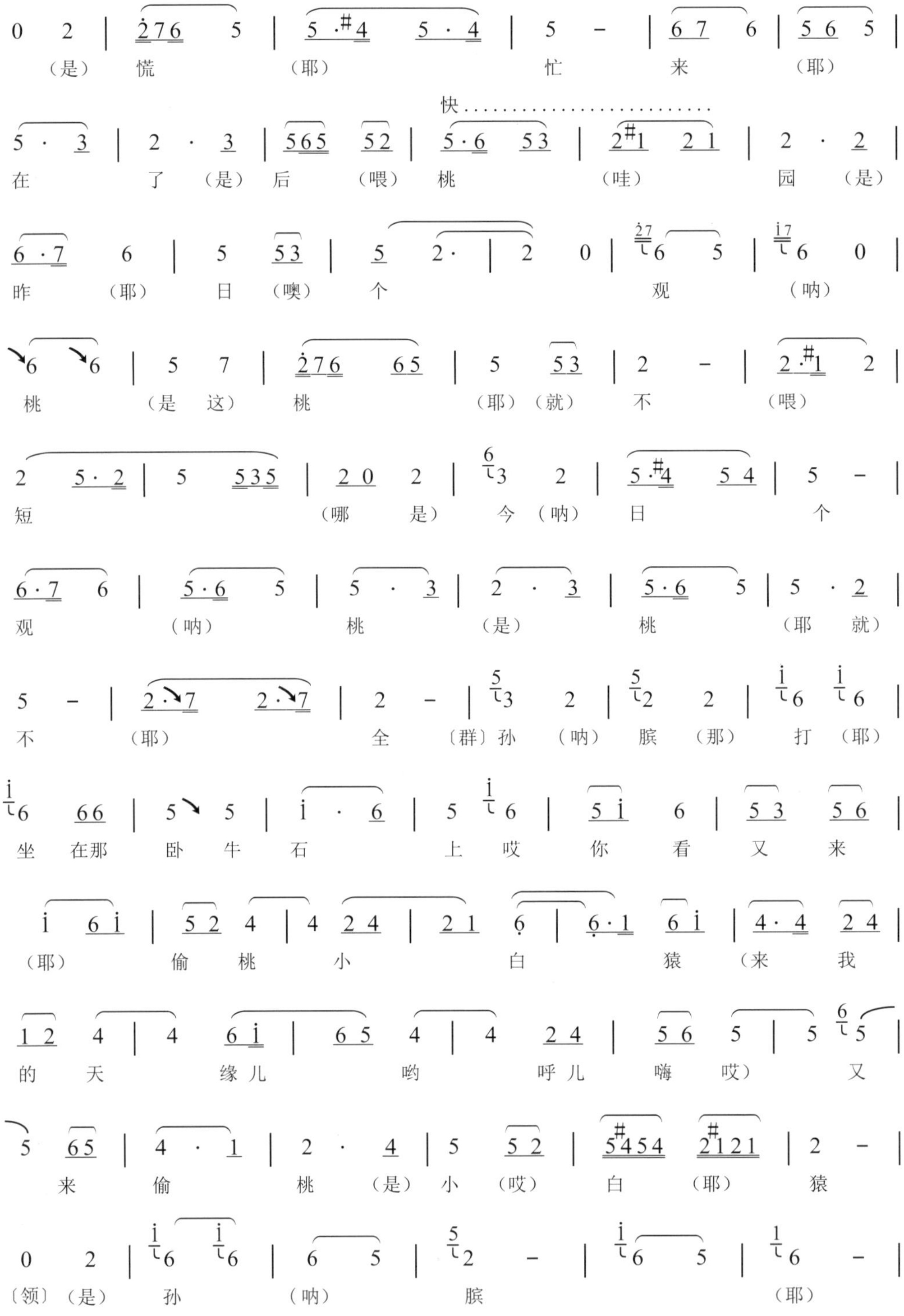
（是）慌 （耶） 忙 来 （耶）
快
在 了 （是）后 （喂）桃 （哇） 园 （是）
昨 （耶） 日 （噢） 个 观 （呐）
桃 （是 这） 桃 （耶）（就） 不 （喂）
短 （哪 是） 今 （呐） 日 个
观 （呐） 桃 （是） 桃 （耶 就）
不 （耶） 全 〔群〕孙 （呐） 膑 （那） 打 （耶）
坐 在那 卧 牛 石 上 哎 你 看 又 来
（耶） 偷 桃 小 白 猿 （来 我
的 天 缘儿 哟 呼儿 嗨 哎） 又
来 偷 桃 （是）小 （哎） 白 （耶） 猿
〔领〕（是） 孙 （呐） 膑 （耶）

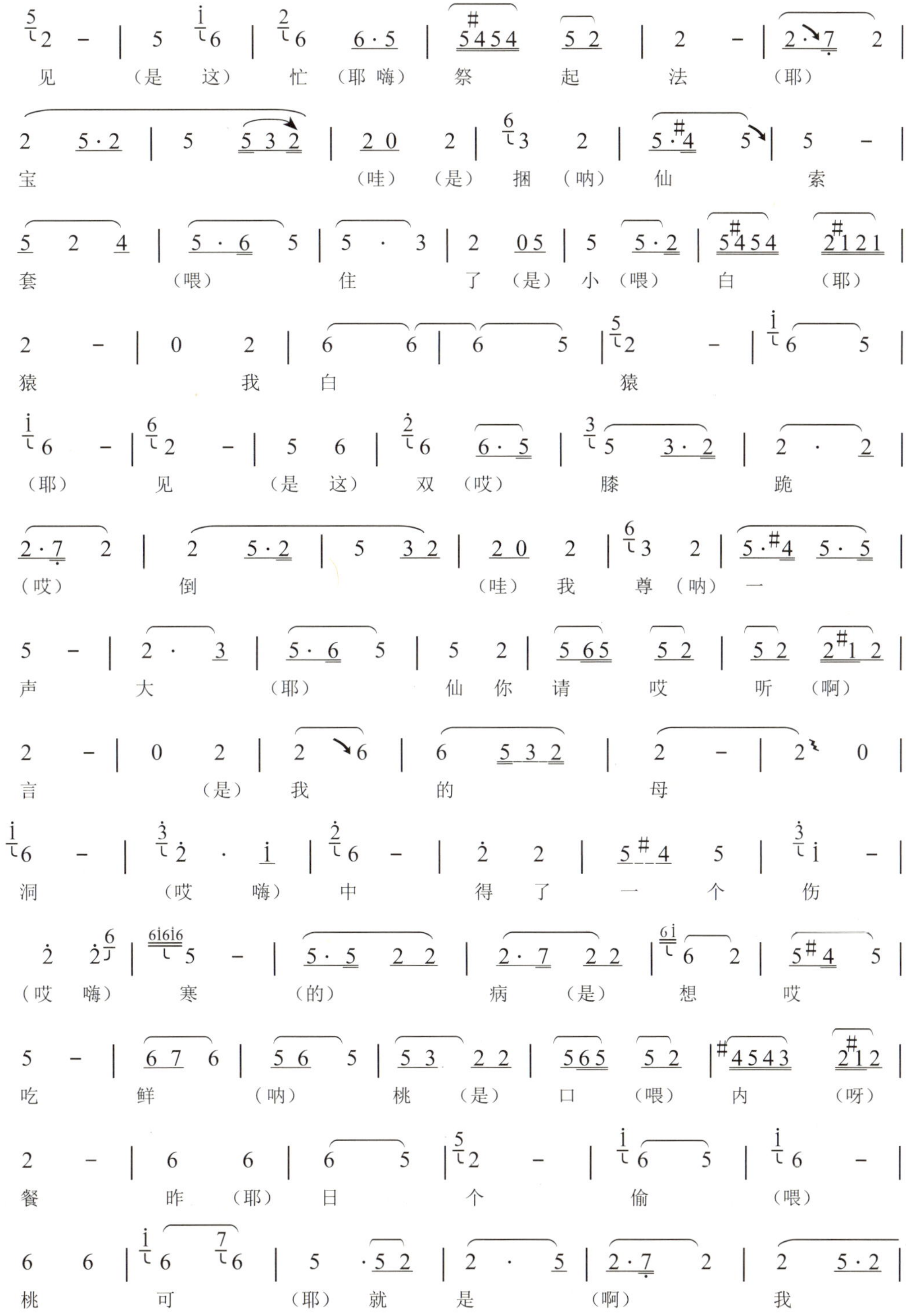
见 （是 这） 忙 （耶 嗨） 祭 起 法 （耶）
宝 （哇） （是） 捆 （呐） 仙 索
套 （喂） 住 了 （是） 小 （喂） 白 （耶）
猿 我 白 猿
（耶） 见 （是 这） 双 （哎） 膝 跪
（哎） 倒 （哇） 我 尊 （呐） 一
声 大 （耶） 仙 你 请 哎 听 （啊）
言 （是） 我 的 母
洞 （哎 嗨） 中 得 了 一 个 伤
（哎 嗨） 寒 （的） 病 （是） 想 哎
吃 鲜 （呐） 桃 （是） 口 （喂） 内 （呀）
餐 昨 （耶） 日 个 偷 （喂）
桃 可 （耶） 就 是 （啊） 我

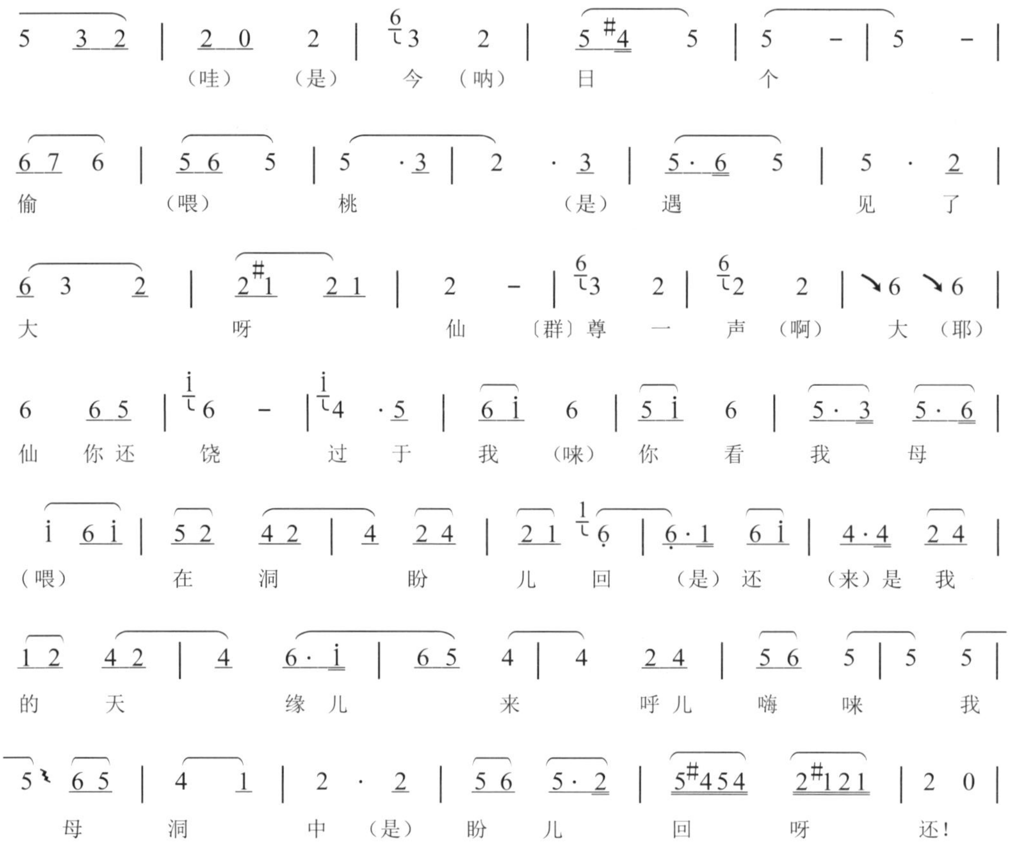

演唱者：古城村太平歌会集体
采　录：张新生、杨建章
记　谱：杨建章

游山

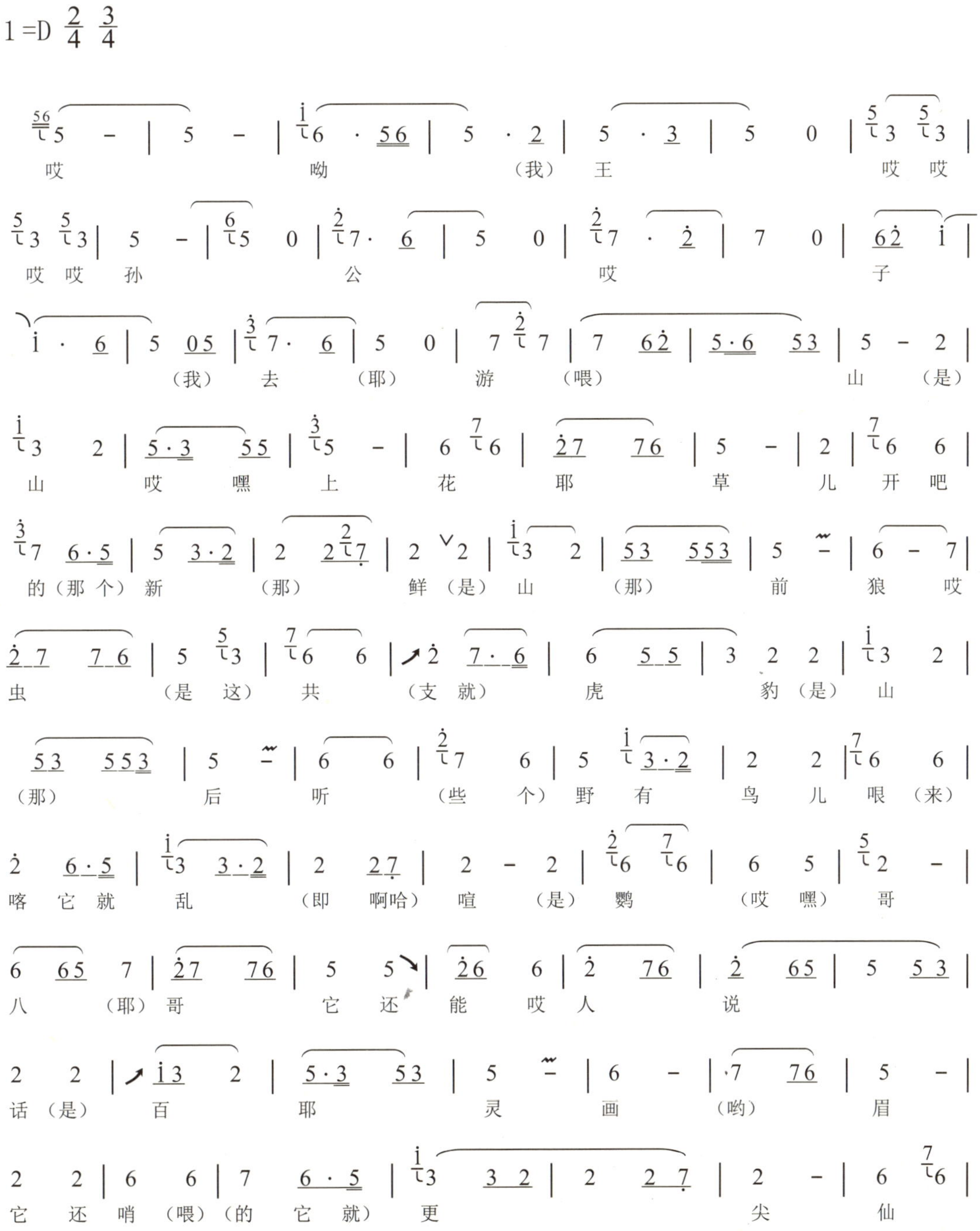
1=D 2/4 3/4
哎 呦 （我）王 哎 哎
哎 哎 孙 公 哎 子
（我）去 （耶）游 （喂） 山 （是）
山 哎 嘿 上 花 耶 草 儿 开 吧
的（那 个）新 （那） 鲜（是）山 （那） 前 狼 哎
虫 （是 这）共 （支 就） 虎 豹（是）山
（那） 后 听 （些 个）野 有 鸟 儿 哏（来）
喀 它 就 乱 （即 啊哈）喧 （是）鹦 （哎 嘿）哥
八 （耶）哥 它 还 能 哎 人 说
话（是） 百 耶 灵 画 （哟） 眉
它 还 哨 （喂）（的 它 就） 更 尖 仙

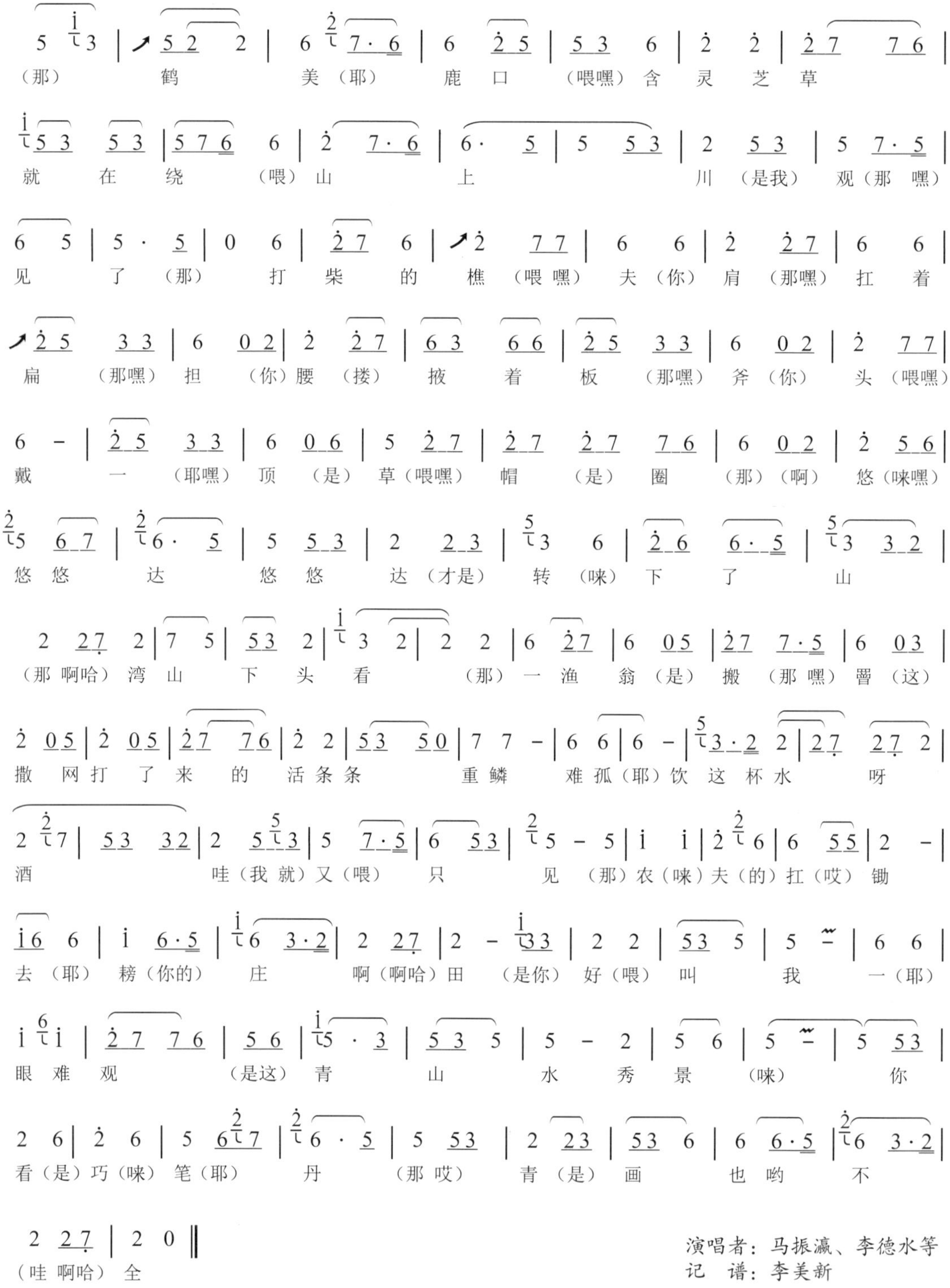

演唱者：马振瀛、李德水等
记　谱：李美新

第三节

太平歌角色演唱目录

◎ 陀头 ◎

（一）群唱

①八仙佛歌　②春翠屏　③春翠莲
④老爷殿佛歌　⑤大五佛　⑥小五佛
⑦灵官殿佛歌　⑧八仙庆寿　⑨药王殿佛歌
⑩参船歌　⑪参王（亡）灵歌

◎ 小二哥 ◎

（二）对唱

①渔樵对答到江沿　②渔樵对答征西　③渔樵对答保本
④渔樵对答闷坐小舟　⑤渔樵对答到江边　⑥渔樵问答
⑦渔樵耕读（加公子和农夫）　⑧渔樵打朝曲
⑨渔樵对答访友马鞍山　⑩渔翁、二哥对答上寿
⑪文扇、二哥对唱

◎ 武扇 ◎

（三）通用歌

①秧歌头：混沌老祖　②秧歌尾：十三道大辙

（四）陀头

①好比二武松　②爱喝烧酒　③笑哈哈
④胡圣僧是英豪　⑤斩红袍　⑥好比济颠僧

◎ 文扇 ◎

（五）小二哥

①乐逍遥（一）　②挎金筐　③罗通泪
④乐逍遥（二）　⑤刘海过河

（六）武扇

①游春　②游山　③张三郎
④出城西　⑤一书生　⑥命不强
⑦访故交　⑧好外交

◎ 渔翁 ◎

◎ 樵夫 ◎

◎ 卖药的先生 ◎

◎ 渔婆 ◎

◎ 打锣的 ◎

◎ 打鼓的 ◎

（七）文扇

①明月照西厢　②莺莺醉酒　③生来不可夸
④生来命儿亏　⑤十针扎　⑥命儿活该
⑦生来命儿薄

（八）渔翁

①渭水河边　②亘古一人　③到江心
④老来不堪　⑤寿活八十八　⑥寿活七十七
⑦渔人得利　⑧忆白袍薛礼　⑨小哭马
⑩寿活八十多　⑪叹连声　⑫敬德诉功
⑬大哭马　⑭卖面　⑮诸葛先生
⑯好比姜太公　⑰八十多渔家乐

（九）樵夫

①上山坡　②进深山　③朱买臣休妻
④乐逍遥（二）　⑤笑哈哈　⑥到山岩
⑦目莲僧　⑧命儿孤单　⑨杀狗劝妻

（十）卖药的先生

①乐逍遥（三）　②站街前　③走街串巷
④病好治引子难淘　⑤站大街　⑥下江南
⑦树大根深

（十一）渔婆

①白娘子　②泪流连　③喘息息

（十二）打锣的

①秋香孝母　②二九一十八（一）　③二九一十八（二）
④好比张桂兰

（十三）打鼓的

①比时迁　②比尉迟恭　③宝葫芦

后记

AFTERWORD

这本书带着2013年8月炙热的温度，聚集了古城村60多个人的热情。这温度加起来，就是常言所说的熊熊薪火，这薪火让400多年的古老民俗依旧在今天的相传中温暖和激动着很多人。是他们让我在70天的时间里，采访了60多个人，汇聚起40多万字的资料，形成20多万字的口述史料，最终整理成本书。在整理过程中，我不忍割舍下许多东西，但由于书籍字数限制只得割舍，在此向那些没被收录进来的人表示惋惜。马振才主任提供了村民交来的1000多张照片，看着那些年代久远的泛黄的照片，我似乎看到了古城村人的心怦然跳动着，这也激励着我在70天的时间里，平均每天工作十三四个小时，以至于中秋节和国庆节都没有休息。这个古老的村落在21世纪的时候，作为中国的首都北京西长安街上的最后一个村落消失了，拔地而起的是一座座耸立的高楼，我们祖辈们传下来的精神世界的财富能像这些高楼一样竖立不倒吗？从7月30日的第一天访谈开始，我在怀疑着，然而，还没有完全回迁回来的人，从四面八方赶来，哪怕他们说上三言两语，也要表达这个村里生命的语言和热土的温暖，所以我要说，这是一本带着生命的鲜活和流淌着历史热血的一本书。

本次把古城村秉心圣会做了大致的梳理，有些文字是以梁云龙的笔记为基础。而访谈，则通过一些健在的玩角儿们，把零碎的片段口述出来，记录下来，尽可能还原历史，虽然有些说法不一，但依旧是历史存在。如太平歌会的公子郝赶年（郝殿银）在麻峪村娶媳妇的事儿；如太平歌会走会经过三家店和三家店高跷会比跳板凳的事儿；如石锁是闫家带回村，并传给村里人的，至于在哪儿学来的众说不一；如在八宝山庙会遇到狮子蹲门，田洪奎说他爸爸唱的是《一百单八黑》，就是打一鞭子唱一句，每句里要有一个黑，而另一些人则说唱的是《一百单八鞭》；还有一些其他的细节，如“回乡”还是“回香”，“督管”还是“都管”等，因是口口相传，各有其理，为了准确和便于理解，本书编写中参考了一些其他相关书籍。

本书得以与读者见面，使古城村人能够有机会把祖辈们的一种精神和一份情怀记录下来，首先感谢村民们，特别是老玩角儿们。同时，非常感谢北京市文学艺术界联合会、北京民间文艺家协会的抢救之举；感谢石景山区文化委员会对非物质文化遗产工作的高度重视；感谢普查工作中给予大力支持的老古城后街社区居委会；感谢本书顾问张国栋；感谢古城村各档会的玩角儿们；感谢提供各方面支持与帮助的石景山区文化委员会主任高洪雁、副主任董聪慧；感谢马振才、黄杰、何京江、苗天娥、王春梅、甘丽娟、尹正植、李美新、杨强等相关人士；感谢提供珍贵照片的刘凤水、田洪奎、杨维琦、屈子杨等许许多多说不上名字的朋友。

时间仓促，不免遗误，敬请见谅和批评指正！

杨金凤